Gabriel VANEL

LES ANGLAIS
AUX
ILES SAINT-MARCOUF

L'EXPÉDITION DE 1798
LE COMBAT NAVAL DE SALLENELLES

D'APRÈS LES RAPPORTS CONSERVÉS
AU MINISTÈRE DE LA GUERRE
ET DES DOCUMENTS INÉDITS

Dessin de Pol VANEL

CAEN
LOUIS JOUAN, ÉDITEUR
Libraire des Bibliothèques Publique et Universitaire
98, RUE SAINT-PIERRE, 98

1910

Extrait des Mémoires de l'Académie nationale des Sciences, Arts et Belles-Lettres de Caen (1909).

LES ANGLAIS AUX ILES SAINT-MARCOUF

Tiré à 50 exemplaires.

Iles Saint-Marcouf.

Les fortifications et le port de l'île du Large.

Dessin de Pol Vanel.

Gabriel VANEL

LES ANGLAIS
AUX
ILES SAINT-MARCOUF

L'EXPÉDITION DE 1798
LE COMBAT NAVAL DE SALLENELLES
D'APRÈS LES RAPPORTS CONSERVÉS
AU MINISTÈRE DE LA GUERRE
ET DES DOCUMENTS INÉDITS

Dessin de Pol VANEL

CAEN
LOUIS JOUAN, ÉDITEUR
Libraire des Bibliothèques Publique et Universitaire
98, RUE SAINT-PIERRE, 98

1910

LES ANGLAIS AUX ILES SAINT-MARCOUF

L'EXPÉDITION DE 1798

LE COMBAT NAVAL DE SALLENELLES

(GERMINAL ET FLORÉAL AN VI)

I

Les deux iles Saint-Marcouf sont situées dans la baie de Saint-Waast-la-Hougue, sur la côte du Cotentin ; cinq à six kilomètres environ les séparent du rivage le plus rapproché. A peu près à moitié route entre le port de Saint-Waast et l'embouchure des Veys, elles occupent une position militaire très importante autrefois.

De fort peu d'étendue et éloignées l'une de l'autre de 550 mètres, distance qui se réduit encore considérablement à marée basse, elles ont peu de relief au-dessus du niveau de la mer.

On les désigne sous le nom d'île du Large, ou d'Amont, et d'île de Terre, ou d'Aval (1). L'île du

(1) Voir la description de ces iles aux Pièces justificatives.

Large, plus élevée et plus ronde que sa voisine, plus apte aussi à la défensive, est composée d'une masse rocheuse, dont la déclivité vers le nord est assez accentuée. L'île de Terre, la plus grande des deux bien qu'elle ait moins de 700 mètres de circonférence au moment de la pleine mer, se présente obliquement à la première et s'étend comme un carré long vers la côte, presque en face du petit village de Saint-Marcouf. Sa surface est à peu près horizontale. A l'ouest, vers l'endroit où se trouve une échancrure qu'on nomme *la Crique,* le terrain s'incline en pente douce vers la mer.

Entre l'île de Terre et l'île du Large, une ligne de rochers, qui découvrent à marée basse, forme une sorte de cap, désigné sous le nom d'*Auvy* (1). Ces rochers s'avancent jusqu'au milieu du canal qui sépare les deux îles et entourent un espace assez étendu, bien abrité par sa situation. Ce bassin sert de port aux navires qui viennent y aborder; un quai, aujourd'hui fort dégradé, facilite le débarquement.

Ces îles, où la terre végétale ne manque pas, étaient autrefois cultivées et habitées, malgré leur exiguïté et leur accès difficile.

---

(1) Quelques personnes et même certains géographes ont voulu qu'il existât une troisième île, sous le nom d'île Bastin. C'est une erreur depuis longtemps reconnue. Le rocher Bastin n'est pas une île; il est recouvert par les flots à toutes les marées; il n'y a ni terre, ni sable. Ce n'est qu'un prolongement rocheux, doublant à peu près la surface de l'île de Terre à marée basse.

Saint Marcouf, qui vivait au VIe siècle et qui leur donna son nom (1), y avait fondé un ermitage. Il quittait, tous les ans, son abbaye de Nanteuil (2), pour venir y passer le temps du carême (3).

La sainteté du lieu fut ainsi consacrée, et, au Xe siècle, on éleva dans l'île une chapelle qui disparut miraculeusement, dit la légende; elle fut emportée par un coup de vent qui la déposa auprès

(1) Antérieurement, ces îles étaient connues sous le nom de *Dolimon*, corruption, peut-être, de *duo limones*, les deux limons; elles auraient été ainsi nommées à cause de leur forme aplatie et légèrement renflée au milieu.

(2) On croit que l'abbaye de Nanteuil, fondée au VIe siècle par saint Marcouf et brûlée par le chef normand Hastings en 842, se trouvait près du village d'Audouville-la-Hubert, non loin de la mer et du village actuel de Saint-Marcouf.

Au sujet de cette abbaye, voici ce qu'en dit l'abbé Lecanu, dans son *Histoire des évêques de Coutances :* « Ce fut pendant l'épiscopat de Possesseur que Marcou, né dans la ville de Bayeux, de parents nobles et riches, vint avec deux compagnons, Criou et Domard, chercher une solitude au diocèse de Coutances. Ils se fixèrent en un lieu nommé Nanteuil, au bord de la mer, sur la côte du Val-de-Saire, duquel ils avaient obtenu la propriété de la pieuse libéralité du roi Childebert et de la reine Ultrogothe, son épouse... Voulant accroître et consolider son monastère, Marcou s'adressa de nouveau au même roi, qui lui confirma la propriété du terrain qu'il avait donné d'abord et celle de deux petites îles adjacentes dans lesquelles il aimait à se retirer de temps en temps pour y pratiquer de plus grandes mortifications et qui étaient plus étendues alors qu'elles ne le sont maintenant. »

(3) C'est pendant son séjour dans l'île de Terre que, selon la légende, Satan vint tenter le pieux ermite, sous la forme d'une belle femme échappée à un naufrage. On peut lire, dans la *Vie*

de Fécamp. Une nouvelle chapelle fut édifiée, qui devint plus tard la propriété de l'abbaye de Cerisy, à laquelle les îles avaient été données par Guillaume le Conquérant (1).

Au XVᵉ siècle, les Cordeliers, chassés de Jersey, obtinrent de l'abbé de Cerisy la permission de s'établir sur l'île de Terre (2) et y fondèrent, en

de saint Marcouf, le moyen ingénieux employé par le saint pour découvrir la ruse de l'esprit malin.

On prétend aussi que saint Marcouf, dont la piété jouissait d'une renommée considérable, révéla aux rois de France le privilège, qu'ils devaient à leur investiture, de guérir les écrouelles le lendemain de leur sacre.

(1) Guillaume avait d'abord donné les îles Saint-Marcouf à l'abbaye de Saint-Wandrille et c'est ce qui explique cette légende. Il ne les donna que plus tard à l'abbaye de Cerisy, qui, au début, se borna à y installer deux moines.

(2) Les Cordeliers s'installèrent dans presque toutes les îles du Cotentin. Ils étaient à Jersey; ils vinrent ensuite à Saint-Marcouf; un siècle après, ils s'établirent aux îles Chausey. La charte de l'établissement de ces religieux dans ces îles est de 1532.

Le couvent des Cordeliers de Valognes avait été fondé, à la fin du XVᵉ siècle (1477), par Louis de Bourbon, amiral de France, lieutenant général de Normandie. Il fut enterré dans leur église, avec cette épitaphe gravée sur un tombeau de marbre noir : « Cy gist hault et puissant seigneur, messire Loys de Bourbon, en son vivant chevalier de l'Ordre, comte de Roussillon et de Ligny en Barrois, seigneur de Vallongne et d'Usson en Auvergne, admiral de France, lieutenant général du roy en Normandie, capitaine de cent hommes d'armes, de Honfleur et de Granville, fondateur de ce couvent, qui trespassa le jeudy 14ᵐᵉ janvier 1496. Dieu luy face mercy à l'âme ! »

Louis, fils naturel de Charles de Bourbon, duc du Bourbon-

1458, un couvent qu'ils ne quittèrent qu'en 1477, pour aller se fixer à Valognes.

Des motifs impérieux les y avaient forcés. Pour inaccessible que fût leur retraite, elle n'en était pas moins trop fréquemment troublée par les débarquements des coureurs de mer et des pirates, dont les mœurs et les habitudes étaient peu compatibles avec une vie de recueillement et de prières. De plus, la source d'eau douce de la plus grande des deux îles était souvent contaminée par des infiltrations d'eau de mer, ce qui rendait leur alimentation malaisée.

A partir de cette époque, les îles devinrent la propriété des Blangy, marquis de Fontenay, qui les louaient à des fermiers de la côte voisine, moyennant des redevances variant de 1.600 à 1.700 livres.

En 1720, l'État s'en empara pour faire subir la quarantaine aux navires venant du Levant ou de la Méditerranée (1). On indemnisa le marquis de

nais, et de Jeanne de Bournau, fut légitimé par lettres patentes de septembre 1463. En 1465, il épousa une fille naturelle du roi, Jeanne de France. Il était aussi baron de Saint-Waast. Les deux enfants issus de ce mariage moururent sans postérité et la seigneurie de Valognes fit retour à la couronne. Une première donation de terrains avait été faite aux Cordeliers par Guillaume Letellier, baron de La Luthumière, donation qui fut notablement augmentée par Louis de Bourbon. (Voir aux Pièces justificatives.)

(1) C'était au moment où la peste désolait les ports du Midi. Un arrêt du Parlement de Normandie avait interdit l'entrée de tous les ports aux vaisseaux de cette provenance. En sa qualité de capitaine de la côte, non seulement M. de Blangy avait cédé

Fontenay en lui faisant une pension de 1.000 livres. Il y eut même, à ce sujet, des discussions assez vives entre le marquis et l'intendant, qui prétendait, vers 1730, que M. de Fontenay s'était remis en possession des îles et refusait d'acquitter la pension. Cette contestation dura jusqu'en 1735, année où le contrôleur général des finances Orry de Fulvy décida que la pension serait continuée et que les îles seraient affermées au profit du roi (1). On les mit en adjudication à Carentan, mais on n'en put trouver qu'un fermage de 40 livres, offert par Jacques de La Loy, marchand au village de Saint-Marcouf, qui en devint ainsi le fermier.

II

Cet état de choses continua jusqu'à la Révolution. Les îles étaient laissées sans défense, lorsque les Anglais, pressentant de quelle importance serait pour eux la possession de ce point stratégique, y débarquèrent au mois de juillet 1795 (messidor an III) un corps de troupes et y installèrent tout à leur aise une garnison et des batteries.

à l'État ses droits sur les îles Saint-Marcouf, mais il avait aussi pris les mesures nécessaires pour assurer l'exécution de cet arrêt dans l'étendue de son commandement. Depuis l'embouchure des Veys jusqu'à Quinéville, il avait installé une garde de vingt hommes qui devait empêcher toute communication entre la mer et le littoral. On construisait pendant ce temps un lazaret et un hôpital sur l'île Tatihou, en face de Saint-Waast.

(1) Voir aux Pièces justificatives.

Cette prise de possession les rendait maîtres de tout le bassin oriental de la Manche. Les communications entre Le Havre et Cherbourg étaient interceptées. Les approvisionnements durent désormais se faire par terre, trajet long et coûteux. Les bâtiments français ne purent plus naviguer dans ces parages sans avoir à redouter le feu de l'ennemi.

Pour mieux surveiller nos côtes, les Anglais s'établirent surtout dans l'île de Terre. Ils y firent une rue de cent mètres de longueur, bordée d'une double rangée de baraques en bois, et y élevèrent des casemates commandant de leurs feux la côte et le large.

Un fortin fut construit sur l'île d'Amont. De plus, une croisière se tint toujours en communication avec les îles et de légers bâtiments étaient constamment mouillés dans l'anse d'Auvy.

Cette station navale, en rapport avec celles de Jersey et de Guernesey, permit aux Anglais d'établir entre les armées royales de Bretagne et de Vendée et les comités royalistes de Paris et de la Normandie, des relations continuelles et de donner aux insurgés des secours de toute sorte.

Ces communications étaient d'une importance capitale pour les chefs royalistes (1), qui vinrent même assez souvent séjourner dans les îles. Le

---

(1) Dans ses *Études historiques*, M. Pezet, qui a eu entre les mains des documents contemporains, cite les îles Saint-Marcouf comme un centre important qui permit à la chouannerie normande de s'organiser et de recevoir les secours nécessaires. « Une agence principale, dit-il, était organisée entre l'île et la

comte de Frotté (1) s'y rendit plusieurs fois. Dès le début de l'occupation, au mois d'avril 1796, il écrivait, à Londres, à un personnage important, ce passage significatif :

« Les communications avec Saint-Marcouf sont rétablies ; cela me dispense de l'expédition concertée avec M. de La Fruglaye... J'envoie par les îles, en Angleterre, un second moi-même, que j'ai l'honneur de vous recommander. C'est mon père. Il est accompagné de mon jeune frère. Il va auprès de Son Altesse Royale Monsieur, après avoir vu M. Wyndham (2). »

Et le 18 mai suivant, il écrivait de son quartier général dans la forêt de Halouze, au comte de La Fruglaye (3), alors à Jersey :

côte. Elle était secondée par des hommes hardis et courageux, qui affrontaient les dangers les uns par conviction politique, les autres par l'appât du gain ou les espérances de l'ambition. » Et il ajoute : « J'ai sous les yeux un mémoire présenté au gouvernement anglais par l'un des chefs de cette agence. Une sage réserve m'interdit d'en reproduire les détails, mais il prouve que l'or joua un grand rôle dans ces événements et que les émigrés étaient divisés par des animosités et des jalousies qui nuisaient au succès de leurs efforts. Les mêmes intrigues, les mêmes discordes régnèrent entre les chefs des chouans. » Frotté se plaint souvent, dans ses lettres, de ces fâcheuses rivalités.

(1) Le comte de Frotté (Pierre-Marie-Louis), chef des royalistes en Normandie, était né à Alençon le 5 août 1766. Il mourut, fusillé à Verneuil, le 8 février 1800. Sa courte carrière est trop connue pour que nous en donnions l'analyse.

(2) Papiers Puisaye, au British Museum.

(3) Le comte de La Fruglaye et son frère le chevalier étaient attachés au service de la correspondance entre Jersey et les

« Mon père aura le plaisir de vous voir. Il va vers MM. Win. et de Mont. Je suis fort aise que M. de Villebrun soit à Saint-Marcouf, parce que c'est notre ami et que j'espère qu'il vous imitera... Je me reproche d'être si longtemps sans vous parler de notre bon et bien sincère ami sir Sidney Smith. Sa capture m'a navré. Vous et moi sentons tout ce qu'il nous en coûtera. J'ai envoyé à Paris lui offrir tout ce que j'ai à ma disposition, et je vais lui procurer des amis assez fidèles pour favoriser son évasion. »

Sidney Smith (1) avait, en effet, de fréquents rendez-vous avec Frotté aux îles Saint-Marcouf, où

iles Saint-Marcouf, sous les ordres du prince de Bouillon, dont ils étaient les aides de camp.

(1) Dès le mois de juin 1794, Frotté avait essayé d'entrer en relations avec le ministère anglais, mais ses ouvertures avaient été assez froidement accueillies. Il sentit combien l'amitié d'hommes hardis et entreprenants lui serait utile et se lia avec le prince de Bouillon, qui commandait à Jersey, et sir Sidney Smith, qui le présenta à son cousin lord Cambfort.

Sir William-Sidney Smith, né à Westminster en 1761, d'une française distinguée par sa naissance, avait débuté très jeune dans la marine. Il se fit remarquer de bonne heure et acquit une notoriété plus grande encore par l'incendie de la flotte française à Toulon. Il croisa longtemps dans la Manche, fut fait prisonnier en 1796, auprès de Honfleur, emprisonné au Temple et parvint à s'évader. Envoyé dans la Méditerranée, il arrêta le général Bonaparte devant Saint-Jean-d'Acre. Jugé très diversement, il fit preuve de courage et même d'indépendance vis-à-vis de son gouvernement. Après plusieurs expéditions en Europe et au Brésil, comblé d'honneurs de toutes sortes, il mourut à Paris en 1840.

Il avait pour frère John-Spencer Smith, né à Londres en 1769.

il se rendait souvent et il avait, plus d'une fois, mis sa frégate et ses embarcations à la disposition de son ami.

Enfin, lorsqu'en 1799 Frotté dut faire un dernier voyage en Angleterre, il partit et revint par les îles. A la date du 11 septembre 1799, de la rade de Portsmouth, il mandait à son père :

« J'espère que nous partirons demain, à moins que les vents ne soient trop contraires. J'ai deux bâtiments pour nos armes et pour nous. L'un est une petite corvette bien armée et l'autre un transport, ce qui nous mettra beaucoup plus à l'aise que je ne croyais, parce que nous serons moitié sur l'un et moitié sur l'autre... Adieu, cher et tendre père ; je vous serre contre mon cœur. En arrivant à Saint-Marcouf, je vous écrirai, mais ne soyez pas inquiet d'être dix, douze, quinze jours, peut-être plus, sans avoir de mes nouvelles, parce que vous savez que lorsqu'il ne vient pas de navires exprès, on ne peut recevoir de lettres de ce rocher. Au reste, il ne faut pas se faire un monstre de notre débarquement. Ce n'est pas une chose si difficile et, avec les précautions que je prendrai, nous n'aurons même rien à risquer... »

Frotté arriva à Saint-Marcouf et débarqua à l'île de Terre le 13 septembre. Il écrivit aussitôt à son père :

tour à tour officier, diplomate et membre du Parlement, disgracié et fixé à Caen, où il résida longtemps, et mourut en 1845. (Voir sa biographie aux Pièces justificatives.)

« Nous sommes arrivés ici fort heureusement, après douze heures de traversée, cher papa. J'y ai appris que Bruslart avait mis pied à terre, il y a dix jours, avec tous ceux qui l'accompagnaient. Le temps n'a pas permis d'aller à la côte depuis, mais comme le bateau est resté une demi-heure à écouter, après le départ de ces Messieurs, nous devons regarder comme certain qu'ils sont arrivés à bon port, puisqu'on n'a rien entendu lorsqu'ils ont été débarqués. Je profite bien vite du retour de la corvette qui nous a conduits ici pour vous tranquilliser... »

Frotté attendit à Saint-Marcouf jusqu'au 23 septembre. Il débarqua ce soir-là à Meuvaines, près de Bayeux, avec quinze officiers. Trois chaloupes armées les y conduisirent. Il se rendait au château du Champ de la Pierre, dans l'Orne.

Outre ces incursions fréquentes sur les côtes, les habitants du littoral craignaient un débarquement des Anglais. Leurs vaisseaux, presque toujours en vue, entretenaient ces craintes. Des bâtiments débarquaient nuitamment des armes et des munitions pour les chouans (1). Hoche lui-même parta-

---

(1) Les îles servaient d'entrepôt et un véritable service de transports était organisé entre elles et le Cotentin. Témoin cet extrait d'une lettre de Frotté : « Je voudrais bien qu'on m'envoyât une demi-douzaine de paires de bottes et que vous me fassiez faire un dolman et une pelisse par M. Manche. Il doit avoir ma mesure et se rappeler la broderie qu'il faut y mettre. Je voudrais que la pelisse fût toute garnie de peaux, car la nuit il ne fait pas chaud sur la paille. Envoyez le tout à Saint-

geait ces craintes (1) et mandait au ministre de la Guerre que, si l'on parvenait à couper la correspondance des royalistes avec les îles Saint-Marcouf, ceux-ci ne tiendraient pas longtemps en Normandie.

Tenant cette partie de la côte du Cotentin sous une active surveillance, les croiseurs anglais s'approchaient même souvent trop près des rivages. Le 3 avril 1796, une corvette anglaise, qui s'était audacieusement avancée dans la baie des Veys pour opérer un débarquement sur la côte, s'échoua à l'embouchure de la rivière d'Isigny.

Au coup de canon qui lui fut tiré par la batterie de Maisy, elle répondit en hissant pavillon hollandais. Trompés, les marins français vont en barque lui demander si elle a besoin de secours. Au moment d'aborder, on reconnait les Anglais. La batterie recommence son feu et l'on envoie chercher à Isigny deux pièces de huit. La corvette est bientôt

Marcouf et on me l'enverra quand on pourra. Je n'ai encore reçu de ces îles que vos trois lettres et un projet de proclamation... » (*Lettre de Frotté à son père, 1799.*)

(1) Le citoyen Noël, commissaire du Directoire près l'administration municipale de Cherbourg, écrivait au Directoire que des débarquements anglais étaient à craindre à l'embouchure de l'Orne, dans la baie de Quinéville, à Saint-Jean-du-Mont, à Cherbourg même, où le duc d'Harcourt, qui y avait longtemps commandé, dirigerait l'attaque. Mais l'endroit le plus redouté était Saint-Côme-du-Mont, où l'ennemi, « au moyen de quelques travaux, pourrait, en douze heures, inonder tous les bas-fonds situés le long des rivières de Douve et de Houlbec et couper la presqu'île du Cotentin du reste du continent ».

criblée de projectiles et plusieurs coups à fleur d'eau la mettent au plus mal. Les Anglais rebouchent les trous sous la mitraille et attendent anxieusement la marée qui les remettra à flot.

Par malheur, la troupe, mandée à Carentan, arrive trop tard; un abordage est devenu impossible. Deux frégates s'approchent pour remorquer la corvette, qu'elles ramènent aux îles coulant bas d'eau. Une bordée, que celle-ci lâcha en se déséchouant, ne causa aucun mal.

A marée basse, on découvrit trois obusiers montés sur affût et plus de cinq cents boulets, que la corvette avait été obligée de sacrifier pour s'alléger et qu'on transporta à la redoute de Maisy (1).

Fréquemment, des canots anglais, profitant des nuits sans lune ou des brouillards épais, venaient débarquer sur la côte des émigrés ou des chouans, et même s'emparer de bestiaux qu'ils ramenaient dans les îles.

D'un autre côté, les chouans, qui se montraient en force dans les cantons de Quettehou et de Montebourg, terrorisaient les habitants et les forçaient à favoriser les communications avec les Anglais.

Une de ces incursions, dont on a conservé le souvenir dans le pays et qui eut lieu vers cette

(1) Quelques jours après, le 6 avril, eut lieu le combat naval de Port-en-Bessin, où la canonnière *La Fulminante*, les lougres *Le Renard* et *Le Sans-Quartier*, qui escortaient neuf bâtiments de transport, soutinrent l'attaque de deux frégates anglaises. Plusieurs navires se virent contraints de faire côte par une mer démontée.

époque, mérite une mention particulière. Un des lieutenants de Frotté, appartenant à la famille de Saint-Germain (1), fort connue dans le pays, étant de passage aux îles Saint-Marcouf, avait fixé un rendez-vous à plusieurs chefs royalistes aux environs du château de Fontenay (2), non loin du village de Saint-Marcouf.

Malgré la surveillance établie sur la côte, il avait pu, par une nuit très sombre et un temps pluvieux, se faire débarquer d'une chaloupe anglaise dans l'anse des Gougins (3), où il devait trouver un guide, apposté par les chouans du canton. C'était pendant l'hiver et la chaloupe avait ordre de venir le reprendre au même endroit quelques heures après.

Tout marcha à souhait au début. Le débarquement se fit sans encombre et l'officier royaliste se rendit avec son guide au rendez-vous fixé.

Malheureusement, les aboiements des chiens d'une ferme, auprès de laquelle il passait en revenant à la plage, donnèrent l'éveil à une patrouille qui regagnait un des nombreux postes du littoral. Les douaniers s'arrêtèrent précisément à l'endroit où l'officier devait se rembarquer et plusieurs s'a-

---

(1) Le Mouzin de Saint-Germain. M. de La Sicotière le cite dans la division de Carentan. S'il s'agit du même, ce serait lui qui aurait préparé et dirigé l'enlèvement de Destouches.

(2) Le château de Fontenay est situé à peu de distance de la côte, en arrière du village de Saint-Marcouf.

(3) Les Gougins se trouvent entre le village de Saint-Marcouf et Quinéville. Il y existe une chapelle qui est encore aujourd'hui un lieu de pèlerinage très fréquenté.

vancèrent dans les chemins voisins pour fouiller le pays.

En ce moment, la chaloupe anglaise arrivait près de la plage. Malgré la nuit et les averses, elle fut aperçue. Une décharge apprit au proscrit que tout était découvert et la fuite impossible. On battit la générale à la redoute de Ravenoville (1), et bientôt les dunes furent sillonnées par des gardes nationaux.

Une faible distance le séparait des républicains. Le jour ne tarderait pas à paraître et le danger devenait pressant. Il n'osait retourner sur ses pas, car des allées et venues précipitées se faisaient entendre dans toutes les directions. Ne sachant où le cacher, le paysan qui l'accompagnait le conduisit dans un champ où, derrière une haie assez épaisse, se trouvaient les débris d'un vieux hangar, à moitié éboulé, qui avait servi d'abri à des bestiaux. Dans le chaume renversé et pendant jusqu'à terre, il pratiqua une cachette où l'officier s'étendit, fort mal à son aise. Il dut rester ainsi une journée entière, sans boire ni manger, pendant que son compagnon allait préparer les moyens de le faire repasser aux îles Saint-Marcouf.

La pluie n'avait pas cessé et les vagues déferlaient sur la côte, grossies par le vent qui soufflait avec rage. Sans souci du danger, deux marins du

---

(1) La redoute de Ravenoville était située sur le bord de la côte, en face du village de Saint-Marcouf, à côté d'un groupe de maisons appelé *Les Bergeries*.

village de Saint-Marcouf se dévouèrent et, la nuit venue, vinrent prendre le fugitif.

La dune était déserte: l'ouragan et les embruns empêchaient la surveillance et l'on n'y voyait pas à quelques mètres devant soi. Un canot attendait à une portée de fusil de la cachette. L'officier y monta avec ses compagnons et, après avoir vingt fois couru le risque de sombrer, il put aborder à l'île de Terre. Les Anglais le croyaient perdu et tombé au pouvoir des républicains.

Les marins regagnèrent la côte sans être inquiétés. Mais, le plus souvent, les choses ne tournaient pas au tragique, et les débarquements passaient inaperçus.

Le 3 messidor an IV, le commissaire près le Directoire du Calvados répondait ainsi au président du Directoire de la Manche, qui l'avertissait des menées royalistes:

« Citoyen Collègue,

« J'ay reçu votre lettre du 1er messidor, qui m'instruit des communications que les habitants des cantons voisins de la côte entretiennent avec les Anglais établis à Saint-Marcouf; et aussitôt, j'ay pris les mesures convenables pour empêcher des manœuvres aussi préjudiciables au bien public et prévenir les effets de la correspondance criminelle que vous m'annoncez avoir précédemment existé et continuer, malgré la surveillance des autorités.

« Salut et respect. »

Malgré le zèle soi-disant déployé, ces mesures

ne produisirent aucun résultat appréciable, aussi la situation du département de la Manche excitait-elle, en l'an V, les alarmes des administrateurs. Les environs de Valognes étaient tellement troublés, qu'ils pressaient le général Le Bley d'organiser des colonnes mobiles et d'établir une commission militaire pour juger les prisonniers accusés de chouannerie. Ils prétendaient également que les autorités de Valognes et de Montebourg protégeaient ces derniers.

Les continuels débarquements d'émigrés sur la côte est du Cotentin étaient même l'objet, le 17 pluviôse an V, d'un rapport de l'agent municipal de Saint-Waast-la-Hougue, et l'administration estimait que ces débarquements « étaient favorisés par de coupables marins qui trahissaient leur patrie et aidaient à des complots qui semblent être une ramification des trames ourdies à Paris par les commissaires royaux ».

Le 26 pluviôse, le général Dumesny (1) signalait aux autorités les courses nocturnes de certains

---

(1) Dumesny (Pierre-Marie-Joseph *Salomon*, dit), né à Angoulême, le 17 janvier 1739, de « M. Salomon, fils aîné, écuyer, seigneur de Bourg-Charente, et de dame Thérèse Bourée, était, le 10 octobre 1755, lieutenant au régiment de Mailly et, le 6 novembre 1791, lieutenant-colonel du 90e régiment. Général de brigade le 25 mai 1793, il fut suspendu le 25 septembre et réintégré le 25 prairial an III. »

Dumesny, qui commandait à Caen en l'an VI, était vieux et fut souvent en butte aux dénonciations des Jacobins, à cause de ses opinions modérées. On le signalait comme protégeant individus qui, sous prétexte de se rendre, avec leurs chevaux, à la pêche du varech, entretenaient, la nuit, des correspondances entre les îles et la côte et allaient prendre ou déposer des effets sur le bord de la mer, dans des endroits convenus.

Le 20 ventôse, l'agent municipal de Saint-Waast-la-Hougue envoyait de nouveaux rapports sur la correspondance que les royalistes entretenaient sur les côtes du Calvados et de la presqu'île du Cotentin avec les îles Saint-Marcouf. Le 6 floréal, on signalait des enlèvements de grains qu'on faisait passer aux îles, en échange d'armes ; enfin, on arrêtait sur le bord de la mer des individus « se sauvant avec des feux qui les font soupçonner de vouloir, par des signaux, favoriser les débarquements ».

« *les honnêtes gens* », ce qui évidemment était alors un crime.

Il eut de fréquents rapports avec Frotté (on accusa même celui-ci de lui avoir vendu son parti !) et ses chefs de division. Ce fut lui qui, avec le général Victor, depuis duc de Bellune, se réunit aux délégués de Frotté, le vicomte de Chambray, Placène et Drudes de Campagnolles, et arrêta les conditions de la tentative de pacification en 1796. C'est à ce propos que Frotté écrivait au prince de Bouillon, à Jersey : « Le général Dumesny n'est pas mauvais... mon éloignement fera croire le parti éteint... C'est l'impérieuse nécessité qui m'y a forcé. Je suis arrivé ce matin à Saint-Marcouf et serai, je l'espère, bientôt à Londres. »

Hoche disait de lui, en le défendant sur une dénonciation : « Le général Dumesny a soixante-huit ans ; il a passé sa vie au service et à peine peut-il marcher. Il travaille beaucoup... Et voilà un homme qu'on accuse d'aller au bal et de ..... avec des femmes d'émigrés. Pauvre Dumesny ! Qui s'en douterait ? »

On prétendait même que des émigrés armés et « revêtus de l'uniforme national » devaient se rendre isolément dans la Manche pour y seconder les projets de l'Anglais.

Le commissaire près l'Administration centrale du Calvados et le général Vandamme, commandant à Cherbourg, s'accordaient pour affirmer la réalité de ces desseins des Anglais et des moyens mis en usage pour les faire réussir.

Les rapports des administrations municipales, disaient-ils, des officiers de police, des généraux, s'accordent pour démontrer, de plus en plus, qu'une vaste conspiration est ourdie et que l'invasion de la presqu'île du Cotentin en est le principal objet. Bientôt, il ne restera plus dans les campagnes une seule administration organisée, car le peu de fonctionnaires qui y sont encore songent plutôt à composer avec le royalisme en force, qu'à faire exécuter la loi hautement méconnue par les brigands (1).

III

Cette situation finit par devenir tellement inquiétante, qu'à plusieurs reprises, le Directoire se fit adresser des rapports sur les opérations militaires qui offriraient des chances pour reprendre les îles.

Kléber, notamment, s'était intéressé à ces pro-

---

(1) G. Dubois : *L'Administration centrale de la Manche sous le Directoire; passim.* Cherbourg. *Revue d'Études normandes.*

jets et avait correspondu, aux mois d'août et de septembre 1797, avec le général Bonaparte et avec Desaix. Bonaparte avait demandé des renseignements détaillés et, sur ses indications, Desaix avait pressenti le contre-amiral Lacrosse (1) qu'on voulait mettre à la tête de l'expédition.

C'était l'époque où le Directoire s'occupait de l'organisation de l'armée d'Angleterre, que l'on présentait comme une revanche de l'expédition d'Irlande. On avait même, pour ce motif, donné le commandement de cette armée au général de division Kilmaine (2), irlandais au service de la

(1) Lacrosse (Jean-Baptiste-Raymond, baron de), contre-amiral, naquit à Melhau (Lot-et-Garonne), le 5 septembre 1760, d'une des meilleures familles de la Guyenne. Il fit ses études au collège de Juilly et entra à dix-huit ans dans la marine royale. Il combattit en Amérique et dans l'Inde avec le bailli de Suffren. Capitaine de vaisseau en 1789, il fut incarcéré en 1793 et échappa par miracle à l'échafaud. Le Directoire lui rendit son grade et il prit part à l'expédition d'Irlande avec l'amiral Morard de Galles. C'est au retour de cette campagne qu'il soutint, sur le vaisseau *Les Droits de l'Homme*, un des combats les plus glorieux de cette guerre. Créé contre-amiral, il fut ensuite employé à l'inspection des côtes et à des missions diplomatiques. Capitaine général de la Guadeloupe, il s'y conduisit avec honneur et, à sa rentrée en France, il fut nommé préfet maritime du 2e arrondissement et mis à la tête de l'armement de Boulogne. Mis à la retraite par la Restauration, il mourut le 10 septembre 1829.

(2) Kilmaine (Charles-Jennings), né à Dublin vers 1750, officier au service de la France en 1776, capitaine en 1791, général de division en 1793, emprisonné sous la Terreur, général en chef de l'armée d'Angleterre, puis de l'armée d'Helvétie; mort le 15 décembre 1799.

France avant la Révolution. Celui-ci s'était établi au Havre.

Bonaparte, qui voulait porter la guerre en Orient, s'était servi de ce dérivatif pour masquer ses véritables projets. Il avait laissé s'accréditer le bruit qu'il se mettrait à la tête de ces troupes et qu'il devait venir, dans les premiers mois de l'an VI, prendre son quartier général à l'abbaye d'Ardennes (1), auprès de Caen.

Cette armée n'eut, du reste, qu'une existence fictive. Les divisions qui devaient la former ne furent jamais complètement réunies et les effectifs diminuèrent même, au lieu d'augmenter. La diversion sur les îles Saint-Marcouf favorisait les secrets desseins de Bonaparte en attirant sur ce coin de la Manche l'attention des Anglais.

L'adjudant général Levasseur, à Caen, et le général Kilmaine, au Havre, s'étaient successivement occupés de l'organisation des troupes qui devaient y participer.

Un plan d'attaque des îles avait, depuis quelque temps, été conçu et présenté par le capitaine du génie Galbois (2), attaché à la place de Cherbourg

---

(1) Cette nouvelle paraissait alors si certaine, qu'un audacieux chef de chouans, l'intrépide Mandat, avait formé le projet d'enlever le général sur la route, quand il se rendrait à l'abbaye, ce qui n'eût pas été impossible à des hommes résolus et déterminés.

(2) Galbois (Antoine-Marie-Honoré), né le 27 novembre 1771, à Paimpoul, district de Montfort (Ille-et-Vilaine). Élève de l'École des ponts et chaussées de Bretagne en 1788. A l'École

où il dirigeait les travaux de fortification du port militaire et des environs. Cet officier, chargé de réparer les fortifications de l'île Tatihou, venait souvent à Saint-Waast depuis l'occupation des îles Saint-Marcouf par les Anglais. C'était lui qui avait eu la première idée de leur reprise.

Le capitaine Galbois était né à Paimpoul, district de Montfort (Ille-et-Vilaine), le 27 novembre 1771. C'était un homme intelligent, instruit, artiste à ses heures, mais d'une santé précaire qui ne lui

nationale des ponts et chaussées en 1792. Lieutenant provisoire du génie le 28 vendémiaire an II; admis dans le corps du génie, avec le grade de capitaine, le 1er vendémiaire an III; nommé chef de bataillon par le général en chef de l'armée du Rhin le 21 floréal an VIII; confirmé par le Premier Consul le 1er thermidor suivant. Retraité comme chef de bataillon. La date de sa mort n'est pas connue.

Employé au camp, sous Paris, comme capitaine de 2e classe, sous les ordres du Ct La Gatine, officier du génie; chargé, durant les années II et III, de la conduite des travaux extérieurs de Cherbourg: batterie retranchée du Roule, redoute d'Octeville, fort du Galet, fort de la Liberté, fort National et redoute de Tourlaville.

Occupé, pendant les années IV, V et VI, de travaux de toute sorte, des fortifications de l'île Tatihou, de la Hague et des côtes qui en dépendent, de divers plans et projets dont il s'acquitta à la satisfaction de ses chefs, malgré sa mauvaise santé qui le força vraisemblablement à demander sa retraite d'une façon prématurée.

Le commandant Galbois aimait les arts et les pratiquait. Il était noté comme donnant trop de temps à la peinture et à la musique, « arts dans lesquels il montrait de vrais talents ». (Archives de la Guerre. *Renseignements communiqués par le commandant V. Fanet.*)

permettait pas de faire un service actif et de suivre nos armées en campagne.

Élève à l'École des ponts et chaussées de Bretagne en 1788, puis à l'École nationale du même nom en 1792, il avait été nommé lieutenant provisoire du génie le 28 vendémiaire an II. Admis dans ce corps, comme capitaine, le 1er vendémiaire an III, il avait été envoyé à Cherbourg, où son savoir et ses qualités furent appréciés par ses chefs.

Son projet paraissait très sérieux et il n'hésitait pas à en garantir le succès. Il insistait vivement pour qu'il fût soumis au général Bonaparte. Celui-ci donna, en effet, l'ordre de l'examiner et il fut discuté dans une conférence où assistaient le capitaine de vaisseau de La Bretonnière (1), le général Dumesny et Kléber. De nombreuses objections furent soulevées. Kléber, d'abord partisan de l'attaque, se laissa ébranler par les difficultés que

---

(1) Louis-Bon-Jean de La Couldre de La Bretonnière était né à Marchézieux (Manche) le 8 juillet 1741. Il entra au service, comme garde-marine, le 5 septembre 1755, fut nommé capitaine de vaisseau en 1780, et commandant de la marine à Cherbourg au mois de mars 1784. Destitué en 1793, il vint à Paris et, après avoir été menacé d'arrestation, il fut réintégré par le Directoire et employé par l'amiral Decrés. Il commanda plus tard à Boulogne et à Dunkerque et prit sa retraite le 8 août 1804. Il mourut le 25 novembre 1809.

Par ses savantes études sur les côtes de la Manche et sur la rade de Cherbourg, le vicomte de La Bretonnière décida le gouvernement de Louis XVI à ordonner les travaux du port et de la digue. Ce marin distingué, qui était de l'École de Vauban, rendit à son pays des services qu'il serait injuste d'oublier.

développa La Bretonnière et par les scrupules de Dumesny. Il refusa son approbation au projet.

Kilmaine, au Havre, et le général Vandamme (1), à Cherbourg, apprirent avec regret cette décision. Il fut même question, un moment, de renoncer complètement à l'expédition, et les soldats que l'on avait déjà fait passer au Havre, avec une haute paye, en prévision d'un embarquement, furent très mécontents de se voir reversés dans leurs anciens cadres; la marine conserva cependant les matelots rassemblés pour l'expédition.

Toutefois, sur les instances réitérées des généraux Kilmaine et Vandamme, sur un rapport pressant du contre-amiral Lacrosse, rapport du 27 janvier 1798, — dans lequel il répondait du succès; — gagné surtout par les assurances trop présomptueuses d'un officier de la marine suédoise passé au service de la France, le capitaine Muskeyn, dont nous aurons bientôt à parler, le Directoire donna, au mois de février 1798, l'ordre de reprendre les préparatifs, aussi bien au Havre qu'à Cherbourg, et de les pousser activement.

Le projet de descente en Angleterre restait

---

(1) Le général Vandamme était né en 1771, à Cassel (Nord). Il s'était engagé très jeune et servit d'abord aux colonies. La Révolution le fit général de brigade en 1793, à 28 ans. Il fit les campagnes de la République et fut envoyé à Cherbourg au moment où Kilmaine s'établissait au Havre. On connaît ses services sous l'Empire. Exilé par la Restauration, retiré à Gand, puis en Amérique, il revint en Belgique en 1824 et mourut en 1830.

toujours officiellement annoncé, et le général Bonaparte parcourut (janvier et février 1798) les côtes de l'Océan, pour s'assurer, soi-disant, des préparatifs et des moyens rassemblés. Il ne se rendit pas dans le Cotentin, comme il en avait manifesté l'intention; cependant, il écrivit au contre-amiral Lacrosse de n'épargner aucun soin pour faciliter la réussite de l'expédition et de le tenir, par lettres, au courant des mesures prises et des troupes engagées.

L'expédition des îles se forma donc au Havre, à la fin de février 1798. Elle était composée de quinze canonnières, de trente-trois bateaux plats, construits sur les plans du capitaine Muskeyn, de deux bombardes et de deux avisos.

Ces bateaux plats, que le suédois Muskeyn venait de faire accueillir par le ministre de la guerre, Truguet, et qui devaient plus tard jouer un rôle encore plus important à Boulogne, n'étaient pas, à proprement parler, de son invention. Il les avait établis d'après les plans dus au célèbre amiral et ingénieur suédois Chapman.

Ces bateaux étaient de trois sortes : les chaloupes canonnières à fond plat, tirant sept à huit pieds d'eau au plus, ayant deux mâts et pouvant porter quatre pièces de canon de 24, deux sur l'avant et deux sur l'arrière, des munitions, cent hommes d'infanterie, sans compter l'état-major et vingt-quatre marins pour la manœuvre. Venaient ensuite des bateaux canonniers, également à fond plat, à peu près du même tirant d'eau, armés d'une pièce de 24 sur l'avant et d'une pièce de campagne sur l'arrière. Ils devaient pouvoir porter, en outre, de l'artillerie pour une descente, et ils avaient, au milieu de la cale, une écurie à pont mobile, pour deux chevaux.

En troisième lieu venaient les péniches, canots longs et étroits, à fond plat, tirant trois pieds d'eau au plus. Ces embarcations avaient un pont mobile; elles étaient armées d'un obusier et d'une pièce de 4; elles marchaient le plus souvent à l'aide de soixante rames, que maniaient soixante soldats dressés au maniement de l'aviron.

Tels étaient ces bateaux, appelés aussi bateaux à la Muskeyn (1), qui devaient être l'illusion des périodes consulaire et impériale. Les ingénieurs de la marine française, qui travaillèrent à leur perfectionnement, ne purent empêcher que leur moindre défaut fût de culbuter, entraînés par le poids de leur mâture beaucoup trop élevée, quand le tangage d'une mer un peu grosse leur faisait perdre le centre de gravité.

L'accueil que le ministre Truguet fit aux bateaux plats fut fatal au pays, auquel ils coûtèrent des sommes énormes en pure perte et qu'ils détour-

(1) C'est à ces bateaux, que les troupes de l'expédition des îles Saint-Marcouf appelaient *mesquins*, et que l'armée de Boulogne traita plus tard de *coquilles de noix,* que le suédois Muskeyn dut son admission dans l'armée française. Sa prétendue invention fut même très discutée à l'époque, et l'issue de la démonstration de Boulogne, en cas d'exécution, eût peut-être été désastreuse.

nèrent du soin d'une marine sérieuse. Le déplorable attrait qu'ils parurent avoir auprès du général Bonaparte, qui ne vit en eux, comme dans la marine entière, que des ponts mobiles pour opérer le passage de ses troupes, a pu seul conserver aux admirateurs de ce grand homme de guerre, si parfaitement ignorant des choses de mer, un reste d'illusions sur ces flottilles. La marine des bateaux plats, par son immobilité pendant quinze ans et par sa nullité reconnue, ne fut jamais qu'une déception léguée par le Directoire à l'Empire.

Nous allons voir, d'ailleurs, que la première sortie de ces bateaux ne fut guère à leur avantage.

IV

L'expédition allait trouver les îles fortifiées et la garnison sur ses gardes. Les Anglais avaient profité du temps écoulé depuis leur prise de possession. Ils avaient installé trente pièces de canon sur l'île du Large et quatre-vingt-dix sur l'île de Terre, formant trois lignes de feux dans presque tout leur contour: la première, composée d'obusiers en batterie rasante sur la grève; la seconde, de redoutes espacées dans les intervalles, et la troisième, de tours carrées, bâties avec des poutres solides et entre-croisées, qui dominaient les redoutes. La garnison comptait neuf cents hommes, commandés par le major Price, un des meilleurs officiers de l'armée anglaise.

Le 6 avril 1798, on embarqua au Havre, sur la

flottille, le 4ᵉ régiment d'infanterie de ligne (1), un bataillon étranger, et les 13ᵉ et 19ᵉ compagnies du 6ᵉ régiment d'artillerie, détachées du Havre et de Rouen (2).

Le 3ᵉ régiment d'infanterie légère et deux autres compagnies d'artillerie devaient être embarqués à Cherbourg et arriver à temps à Saint-Waast pour coopérer à l'attaque.

Ces troupes étaient sous la direction du capitaine Muskeyn, mais le commandement supérieur avait été confié au contre-amiral Lacrosse et au général Point, qui ne devait pas tarder à mourir glorieusement sur le champ de bataille, en 1799, à l'attaque de Popoli, dans les Abruzzes.

Sur le lougre *Le Vengeur* était embarqué le lieu-

---

(1) *Historique du 4ᵉ régiment de ligne* (1776-1900). — Retour d'Italie en France, mars 1798.

La 4ᵉ demi-brigade fut dirigée sur Le Havre, où elle arriva au commencement de germinal an VI. Elle fut placée à la brigade Donné, de la division Championnet, et fit brigade avec le 40ᵉ de ligne. Elle comptait 1.993 hommes.

Elle occupa successivement Amfréville, La Hougue (expédition des îles Saint-Marcouf), Caen, sous les ordres de Serrurier, Vandamme et Thureau. Elle fit partie d'abord de la 1ʳᵉ division du Centre; puis, en prairial an VI, avec Duhesme, de la 3ᵉ division de l'armée d'Angleterre, commandée par Kilmaine, qui avait succédé à Bonaparte. Elle s'était reconstituée et comptait, à cette époque, 2.133 hommes, dans 3 bataillons.

(2) Lettre du général Béthancourt, commandant la Seine-Inférieure et l'Eure, qui met à la disposition du général Point les 13ᵉ et 19ᵉ compagnies du 6ᵉ régiment d'artillerie, stationnées au Havre et à Rouen *(Archives de la Guerre)*.

tenant d'artillerie Jacques-Louis Hulot, qui devait plus tard devenir le général, baron Hulot, et s'illustrer au siège de Lille, en 1815.

Cet officier général a laissé des *Souvenirs*, devenus rares, auxquels nous empruntons la description du départ de la flottille.

« Le 7 avril 1798, dans l'après-midi, et par un temps superbe, nous sortîmes du port du Havre et défilâmes triomphalement devant la population rassemblée sur les jetées. A peine avions-nous mis les voiles dehors et gagné le milieu de l'embouchure de la Seine que nous découvrîmes au large une frégate anglaise qui, après nous avoir reconnus et observés pendant deux heures, s'éloigna et disparut à l'horizon.

« Installé à bord du lougre *Le Vengeur* (1), que montait le commandant d'une division de bateaux, je me trouvais fier d'affronter à mon tour l'élément témoin des exploits de nos grands navigateurs. A la vérité, notre nacelle ne semblait pas devoir être appelée à d'aussi glorieuses destinées et encore moins à d'aussi lointains voyages; à peine laissait-elle une légère trace sur la surface polie où elle glissait. La mer était parfaitement calme et nous serrions la côte au sud de la Seine.

« Le soleil baissait à notre droite et descendait peu à peu dans les eaux, qui perdirent subitement leur bril-

(1) Le lougre *Le Vengeur* était le même bâtiment, alors armé en corsaire, dont Sidney Smith avait voulu s'emparer à l'abordage en 1796, dans la baie de la Seine, auprès du Havre, action dans laquelle il avait lui-même été fait prisonnier avec la chaloupe qu'il commandait.

lante coloration, lorsque fut englouti le dernier segment de son disque doré ; la pureté de l'air et l'absence de nuages nous présageaient pour le lendemain un réveil aussi favorable. Nous profitâmes des demi-clartés du crépuscule pour jeter l'ancre et mouiller, tandis que la voûte céleste se couvrait d'étoiles et que, sous nos pieds, la mer réfléchissait, comme dans un miroir, cette poétique illumination. Assis sur le banc de quart, auprès de l'officier de service, je passai sans fermer l'œil une nuit aussi courte que délicieuse. Malheureusement, notre mouillage était trop près de la côte qui nous barrait l'orient et la falaise nous empêcha de jouir, le lendemain, d'un lever de soleil digne du couchant de la veille et de la solennité du jour. C'était la fête de Pâques.

« Profitant de la brise du matin, nous nous remîmes en route, et, pour obtenir plus de vent dans nos voiles, nous nous hasardâmes un peu vers la pleine mer, alors entièrement déserte. Nous voguions très lentement, quand, sur les deux heures de l'après-midi, on signala, du pont du vaisseau commandant, trois voiles à l'ouest. Je sondai aussitôt l'horizon avec ma lunette et je ne découvris rien dans le premier moment. Mais, au bout de quelques instants, j'aperçus des points qui grossissaient à vue d'œil. La flottille se prépara aussitôt au combat en se rapprochant de la côte. Il y avait encore trois ou quatre lieues à parcourir pour gagner la baie de Sallenelles (1), à l'em-

---

(1) Sallenelles, petit village à droite de l'Orne, en descendant à la mer, vis-à-vis d'Ouistreham.

bouchure de l'Orne, et à deux lieues de la ville de Caen; par malheur, le vent manquait et nous n'avancions qu'à la rame. Cependant, vers la fin de l'après-midi, le vent s'éleva quelque peu et les navires se couvrirent de voiles pour gagner la côte. »

V

Les points signalés ne tardèrent pas à prendre un corps et se rapprochèrent rapidement. C'étaient un vaisseau de 74 et deux frégates anglaises de 40 canons, qui profitaient de la brise du large pour donner dans le convoi et l'écraser sous le feu de leurs batteries.

Le branle-bas fut aussitôt ordonné; la marche fut accélérée le plus possible pour gagner la pointe de Sallenelles et mettre la flottille à l'abri dans la fosse de Colleville (1).

On y mouillait à 6 heures du soir en prenant l'ordre de combat, les canonnières couvrant les bateaux plats. Nous laissons ici la parole au capitaine Muskeyn; voici le rapport qu'il adressa, sur cette affaire, au citoyen Kilmaine, général en chef de l'armée des côtes d'Angleterre, au Havre:

« Sallenelles, le 19 germinal an VI.

« Citoyen Général,

« J'ai l'honneur de vous remettre ci-après un petit extrait de mon *Journal* par lequel je vous transmets

---

(1) La fosse de Colleville, partie de la rade de Ouistreham, en eau profonde, se trouve entre Lion-sur-Mer et ce dernier village.

les détails d'une attaque qu'a subie la flottille sous mes ordres, contre deux frégates de premier rang, dans la baie de Caen, au mouillage dans la fosse de Colleville.

« Hier, à midi et demi, étant à l'ancre par le travers de la pointe de Dives pour étaler le flot, un bâtiment de la flottille signala deux navires ennemis en vue, restant dans le N. 1/4 N.-O. et portant sur nous, toutes voiles dehors, avec petit air de la partie de l'E.-N.-E. et N.-E.

« A 6 heures, étant à l'entrée de la baie de Sallenelles, je laissai tomber mon ancre de babord dans la fosse de Colleville et ordonnai à la flottille d'en faire autant, en observant une ligne de bataille offensive et défensive, pour répondre aux deux frégates ennemies en vue.

« A 7 heures, étant à portée de canon, la flottille commença le feu sur les frégates, qui ripostèrent de leurs premières batteries, sans lui faire aucun dommage, bien que leurs boulets les dépassassent de beaucoup.

« La frégate commandante, qui se trouvait le plus au sud, en revirant de bord pour envoyer sa deuxième bordée, et y étant contrainte par le feu actif de la flottille, prit heureusement terre sur le banc de la *Pâture* et y fut canonnée jusqu'à la nuit noire; je donnai alors l'ordre à une partie des bateaux plats d'aller l'attaquer à l'abordage. Mais le vent et la marée contraires (1) empêchèrent le succès que je me promettais de cette opération.

(1) Cette excuse paraît assez peu probante. La flottille avait à sa disposition un nombre considérable de chaloupes légères et

« Les deux frégates se faisaient mutuellement des signaux ; celle qui était échouée reçut des secours de celle qui était à la voile et qui, au moyen de la marée montante et d'une remorque, est parvenue à la renflouer à minuit et demi. A ce moment, la flottille a recommencé son feu, sans que les frégates ripostassent, probablement pour ne pas indiquer aux canonniers le but sur lequel ils devaient pointer.

« Nous ne doutons pas de la manière dont elles ont été maltraitées, car l'une d'elles a reguindé ce matin un mât de hune et, toutes les deux, un mât de perroquet.

« Calme presque plat. J'ai voulu continuer ma route pour Isigny ; mais, sur les 9 heures, les deux frégates ont eu connaissance d'une voile qui m'était aussi signalée par mon éclaireur. Il faisait jolie brise de vent de la partie N.-E. Je ne voyais pas apparence de pouvoir doubler la pointe de la Percée (1) sans

plus de 3.000 hommes de troupes aguerris. Le vent était très modéré, puisque les bateaux n'avaient pu qu'avec peine rallier la côte, à cause du calme. Les courants, avec des embarcations pourvues d'un nombreux équipage, ne sont pas un obstacle insurmontable et une frégate, échouée comme l'était le *Diamond*, ne peut faire usage que d'une faible partie de son artillerie, sa ligne de tir étant beaucoup trop élevée au-dessus de l'eau. De plus, la nuit rendait le tir incertain. Tout était donc réuni pour favoriser un abordage qui, certainement, eût réussi. Il faut plutôt voir, dans les excuses avancées pour pallier le fait, une première manifestation de cette *prudence* des équipages, que l'amiral Lacrosse qualifia plus tard énergiquement et qui causa l'échec des îles Saint-Marcouf.

(1) La pointe de la Percée se trouve entre Vierville-sur-Mer et Grandcamp. Il faut la doubler pour gagner l'embouchure des Veys et la rade de La Hougue.

être inquiété par ces trois bâtiments ennemis et, craignant un frais de vent, je me résolus de faire signal à la flottille, qui était alors mouillée par le travers de Courseulles, d'aller se mettre à l'abri dans Sallenelles.

« La voile aperçue était un vaisseau de 74, qui, ainsi que les deux frégates, a tiré plus de cent coups de canon sur la flottille, sans blesser personne. Il n'y a que quelques canonnières et bateaux plats qui ont reçu de légères avaries dans leurs mâtures et leur gréement.

« Nous allons nous occuper à les réparer et profiterons de la première occasion favorable pour suivre la destination indiquée.

« Salut et respect.
« J.-J. MUSKEYN (1). »

(1) *Archives du Ministère de la Guerre.* A ce rapport était jointe la lettre suivante, qui montre que le bruit de la prise des îles Saint-Marcouf courait déjà :

« Le général en chef, par intérim, au citoyen Président du Directoire.

« Quartier général de Paris, le 24 germinal an VI.

« Citoyen Président,

« J'ai l'honneur de vous transmettre, ci-joint, le rapport que je viens de recevoir, concernant le combat qui a eu lieu dans la baie de Caen, entre notre flottille et un vaisseau de ligne et deux frégates anglaises.

« J'ai l'honneur de vous observer que la nouvelle de la prise des îles Saint-Marcouf, annoncée dans la lettre de l'adjudant général Bouland, ne se trouverait pas contredite par le rapport du capitaine de vaisseau Muskeyn; cette prise ayant pu être effectuée par les forces que j'ai fait rassembler dans cette intention à La Hougue.

« Salut et respect. « KILMAINE. »

Divers incidents se passèrent au cours de ce combat. Au moment où le capitaine Muskeyn donna l'ordre d'envoyer à l'abordage de la frégate échouée une partie des bateaux plats, le lougre *Le Vengeur*, sur lequel était embarqué le lieutenant Hulot, se signala par un trait de bravoure.

« On ne distinguait plus alors que nos feux, lit-on dans les *Souvenirs,* la frégate échouée ayant prudemment cessé de tirer. L'obscurité la dérobait à nos yeux et les courants contrariaient la direction et l'ensemble de notre marche. Néanmoins, mon lougre, se croyant suivi, allait toujours de l'avant et il finit par atteindre la frégate; mais il n'était suivi que par quelques bateaux.

« L'ennemi, se voyant découvert, se mit en devoir de vendre chèrement sa vie. Trop faibles pour résister aux bordées à boulets et à balles qu'il nous prodiguait, nous dûmes nous éloigner et chercher à rallier la division. Mais nous nous perdîmes dans les ténèbres et, pendant plus de deux heures, nous errâmes dans un cercle de feux, tirés tant de nos bâtiments que de ceux de l'ennemi. Par un bonheur qu'on pourrait qualifier d'invraisemblable, sur les milliers de boulets qui frisèrent nos frêles bordages, pas un ne les atteignit. Un seul eût suffi pour nous couler; nous ne reçumes que des paquets de mitraille qui mirent nos voiles hors de service. Le jour vint éclairer nos exploits, ou plutôt notre désordre. L'ennemi avait plus souffert que nous, et, en réalité, nous fûmes étonnés du peu d'importance de nos pertes... »

Pareille aventure arriva, ou à peu près, à un bateau plat. Celui-ci, trompé par la nuit et les courants, avait pris, au moment où on signala de tenter l'abordage de la frégate échouée, une fausse direction. Il se trouva entraîné fort loin de la flottille, et, en cherchant à regagner son mouillage, il se vit tout à coup à quelques encablures de la frégate qui essayait de renflouer sa conserve, immobilisée sur le banc de sable.

Une faible lueur éclairait à peine l'horizon. Le bateau, très ras sur l'eau, ne fut pas, heureusement pour lui, aperçu aussitôt. Il eut le temps de forcer de rames pour s'écarter de ce dangereux voisinage ; pas assez cependant pour éviter une chasse que lui donnèrent deux chaloupes anglaises, détachées contre lui au moment où il fut découvert. Grâce aux efforts de son équipage, secondé par les soldats qui étaient à bord, il put échapper à ce danger.

Les navires anglais avaient souffert dans leurs coques et surtout dans leurs mâtures. La vergue de misaine de la frégate la plus avancée était tombée sur son pont, entraînant sa voilure. Des mâts de perroquet avaient été brisés au ras des chouques et ses pavois d'avant percés à jour. La seconde frégate avait perdu son bout-dehors de beaupré dès le commencement du combat.

Au moment de l'échouage, une chaloupe, chargée d'une ancre de jet, chavira à quelque distance de la frégate. On vit plusieurs embarcations se détacher des navires anglais pour lui porter secours, mais la fumée ne permit pas de savoir si l'équipage avait été sauvé.

Au plus fort de l'action, un boulet coupa la drisse du pavillon de cette frégate et l'on crut pendant quelques instants qu'elle se rendait. Cette illusion ne dura pas, car elle rehissa aussitôt ses couleurs, en les appuyant de plusieurs coups de canon.

Le vaisseau de 74, beaucoup plus éloigné que les frégates au début de l'attaque, ne put s'en rapprocher assez près pour participer efficacement à l'action. Le manque de vent et les courants le retinrent toujours à une distance qui ne lui permit pas d'user avec avantage de son artillerie.

Il est probable que les pertes des Anglais avaient été sensibles. Il est certain que si les troupes de ligne, embarquées sur les bateaux plats, avaient pu monter à l'abordage de la frégate échouée, celle-ci était prise et brûlée. Il en fut malheureusement autrement.

Les soldats, en effet, montraient une ardeur non équivoque. Ils ne demandaient qu'à recommencer et cette ardeur se maintint pendant toute la durée de l'expédition. Les équipages, au contraire, recrutés au hasard, composés d'éléments hétérogènes, mal instruits et sans discipline, n'avaient pas, il faut l'avouer, le même enthousiasme. On avait déjà pu le constater.

Toutefois, ce combat avait été honorablement soutenu et les Anglais contraints à la retraite.

La frégate qui avait échappé par miracle à une destruction imminente était le *Diamond*, commandé par sir R. Strachan (1). Elle était fort connue sur la côte, où elle croisait depuis longtemps et où son ancien commandant s'était acquis une réputation méritée de courage et d'audace. Nous avons nommé le commodore sir Sidney Smith.

A cette époque, il y avait deux ans qu'il était prisonnier au Temple. Le 17 mars 1796, croisant devant Le Havre sur sa frégate le *Diamond*, il s'était embarqué dans une chaloupe pour aller surprendre un bâtiment français stationné à l'embouchure de la Seine. Surpris par la brume et trompé par les courants, son embarcation s'était échouée sur un banc de sable, et bientôt, entouré par des forces supérieures, il avait été obligé de se rendre.

Traité comme un conspirateur et transféré au Temple, à Paris, il parvint à s'évader le 21 avril 1798, grâce au dévouement de quelques royalistes qui agissaient à l'instigation de Frotté, avec lequel il était très lié. Caché aux environs de Rouen, celui qui devait arrêter Bonaparte devant Saint-Jean-d'Acre et lui barrer la route de Constantinople, parvint à gagner Londres, où il fut reçu avec enthou-

---

(1) Sir Richard Strachan avait auparavant (en 1794) commandé l'escadre de Jersey. Le prince de Bouillon, dont la famille était alliée avec celle de Frotté, et qui aidait celui-ci de tous ses moyens, avait, dans cette escadre, la direction d'une flottille de huit cotres et canonnières stationnés à Gorey. Sir R. Strachan fut nommé en 1796 au commandement du *Diamond* et de la croisière anglaise de la baie de la Seine.

siasme le 4 mai 1798 (1), quelques jours avant l'attaque des îles Saint-Marcouf.

Sa frégate était passée sous les ordres du commodore sir R. Strachan; elle sortait du combat de Sallenelles assez peu à son avantage. On l'avait crue d'abord beaucoup plus endommagée qu'elle ne l'était et ce ne fut pas sans étonnement qu'on la retrouva en ligne, dès le lendemain, avec sa conserve et le vaisseau de 74.

VI

En effet, le 8 avril 1798, quand la flottille voulut remettre à la voile pour se diriger sur la baie de La

---

(1) Les circonstances de l'évasion de Sidney Smith sont particulièrement curieuses. La perte d'un marin aussi entreprenant était tellement sensible au gouvernement anglais, qu'il envoya aussitôt en France, sur parole, le capitaine de vaisseau Bergeret, prisonnier de guerre, en cartel d'échange. Le Directoire refusa et Bergeret, fidèle à sa parole, reprit le chemin de l'Angleterre.

On étudia ensuite des projets d'évasion. Frotté, auquel Sidney Smith avait rendu de grands services, assurait l'exécution avec plusieurs de ses officiers, mais l'argent manquait. Trois mille livres sterling, données par le ministère anglais au ministre des affaires extérieures, Ch. Delacroix, aplanirent les plus graves obstacles (Cf. *Naval History*, du cap. Brenton, qui ajoute que le lord Saint-Vincent (Jervis) lui assura avoir vu l'ordre du Trésor).

La joie fut telle à Londres que la Cour même y prit part et qu'elle donna à Sidney Smith le surnom de *Dieu Marin*. Notons aussi que le capitaine Bergeret fut immédiatement remis en liberté, à cause de sa noble conduite.

Hougue, le *Diamond* barrait la route et les deux autres vaisseaux louvoyaient à la hauteur de la pointe de la Percée.

Il fallut rétrograder et chercher un refuge sous les redoutes de Merville. La situation ne changeant pas, on fit entrer la flottille dans la rivière d'Orne (1), où quelques bateaux avariés purent se réparer et embarquer des vivres, dont les provisions allaient bientôt être épuisées.

A Caen, d'où l'on avait suivi avec intérêt les phases de ce combat, les esprits, en apprenant la nouvelle de la retraite de l'escadrille, se montrèrent assez prévenus.

De mauvais bruits se répandirent contre le capitaine Muskeyn. La presse s'en mêla et, le 23 germinal, les citoyens Rousseau et Guérin, commandant deux canonnières (2), crurent devoir écrire la lettre de

(1) La *Gazette du Calvados* avait donné un récit succinct du combat de Sallenelles, le 21 germinal an VI. Le 23, elle insérait cet entrefilet : « La flottille dont nous avons parlé est toujours à l'embouchure de l'Orne. Nous donnerons, dans notre prochain numéro, quelques nouveaux détails sur le combat qui a eu lieu le 19, entre elle et les frégates anglaises. On n'a encore aucune nouvelle certaine de l'expédition partie de Cherbourg. Le bruit courait hier qu'elle s'était emparée des îles Saint-Marcouf, mais il n'y a rien de sûr à cet égard. » La nouvelle de la prise des îles fut en effet plusieurs fois répandue.

(2) *Gazette du Calvados*, Caen, 25 germinal an VI. Ils ajoutaient, dans cette lettre, la rectification suivante : « La flottille n'accompagnait point un convoi, comme on l'a annoncé, et la redoute de Merville n'a pas non plus coulé bas un aviso français. » On avait prétendu que les bateaux plats avaient tiré sur les canonnières.

protestation suivante à la *Gazette du Calvados :*

« Les citoyens Rousseau et Guérin, tous deux capitaines sur la flottille commandée par le capitaine Muskeyn, nous ont fait passer quelques détails sur le combat qu'elle a soutenu du 19 au 20 courant avec deux frégates anglaises ; ce sont à peu près les mêmes que ceux déjà donnés dans notre avant-dernier numéro... Ils se plaignent, dans la lettre qu'ils nous adressent, de certains propos défavorables qu'ils ont entendus, touchant la conduite du commandant Muskeyn.

« Il n'y a, disent-ils, que les ennemis de la chose publique qui puissent se permettre de révoquer en doute les talents et la bravoure d'un homme qu'ils ne connaissent pas et qu'ils ne sont pas à portée de juger. Vous pouvez assurer, citoyen rédacteur, qu'on ne parviendra point à affaiblir la confiance et l'estime qu'il a su inspirer à tous ceux qu'il commande. »

Quoi qu'il en soit, la nouvelle du combat et de la situation de la flottille parvint aussitôt au contre-amiral Lacrosse, qui se rendit immédiatement à Caen, d'où il adressa, le 25 germinal an VI, le rapport suivant au citoyen Kilmaine (1), général divisionnaire au Havre :

(1) *Archives du Ministère de la Guerre.* « Le contre-amiral Lacrosse, inspecteur de la côte, depuis Cherbourg jusqu'à Anvers, au citoyen Kilmaine, général divisionnaire au Havre. »

« Citoyen Général,

« Je suis arrivé à Caen depuis hier au matin et je me suis rendu de suite dans la baie pour y inspecter la flottille, prévenir les inconvénients qui pourraient résulter de sa relâche et la mettre à même de reprendre la mer. J'ai trouvé les choses dans le meilleur état et les esprits disposés pour de nouveaux coups de main.

« Je n'écris point au général Bonaparte parce que je ne sais où il est en ce moment. Je n'ai reçu de lui aucune réponse à toutes les lettres que je lui ai écrites relativement à la mission dont il m'avait chargé au sujet de l'expédition. Au reste, je vous laisse le soin de lui transmettre tous les détails de nos opérations (1). Je vous les donnerai toujours avec exactitude.

« La flottille a été abondamment pourvue par le commissaire de marine de cet arrondissement; les vivres de campagne sont restés en réserve. L'administration de terre est venue au secours de l'administration de mer, et c'est de cette bonne intelligence et

---

(1) Il ne faut pas oublier que l'expédition d'Égypte, organisée à Toulon, avait été déguisée sous le nom d'aile gauche de l'armée d'Angleterre. Le général Bonaparte avait encouragé et dirigé la tentative sur les îles Saint-Marcouf, parce qu'il voulait attirer sur cette armée, dont le quartier général était au Havre, les craintes des Anglais. Il ne répondait pas aux lettres de Lacrosse, car alors les préparatifs de l'expédition d'Égypte étaient presque terminés à Toulon et d'autres soins le préoccupaient. La flotte et le convoi partirent, en effet, le 10 mai, et Malte fut attaquée et prise le 12 juin 1798.

du concours des amis de la chose publique que résulte le bon ordre qui se maintient dans ce petit armement.

« Il y a eu quelques désertions de matelots après la relâche ; mais ils sont rentrés incessamment à leurs bords. Les menaces de punitions rigoureuses ont produit le meilleur effet.

« La flottille eût repris la mer dès hier au soir si les vents l'eussent permis. Déjà le capitaine commandant Muskeyn a fait filer quatre de ses bateaux à Grand-camp, où ils étaient arrivés à 5 heures du soir, malgré trois frégates et un vaisseau qui ont été constamment en vue. Il se propose de faire passer ainsi le reste de ses bateaux vers La Hougue, où il sera le maître de se rendre ensuite avec ses chaloupes canonnières, malgré l'ennemi qui ne pourra pas l'empêcher de profiter du premier vent favorable.

« De cette manière, le succès de notre expédition devient d'autant plus certain que j'ai préparé à La Hougue de nouvelles ressources et surtout de grands moyens de conserver les îles une fois qu'elles seront conquises.

« Je reviens avec un nouveau plaisir sur les détails du combat de la flottille avec les frégates anglaises.

« Malgré le grand désavantage d'avoir été vus à l'instant de la sortie du port du Havre, le commandant Muskeyn a su déjouer les projets de l'ennemi. Il a conservé le plus grand ordre dans sa flottille, s'est rendu le maître de choisir le moment de l'attaque et n'a commencé son feu que lorsqu'il a été à demi-portée de canon des Anglais. De cette façon, il leur a fait tout le mal qu'il leur pouvait faire. Son feu a toujours été bien soutenu, toujours utile, tandis que les boulets de l'ennemi passaient au-dessus de la flottille qui, par la petitesse de ses bâtiments, le peu de surface qu'elle présentait, n'a pas reçu grand dommage. Aussi la victoire eût été suivie de la prise des deux frégates si les vents, la marée, les courants n'eussent pas été ensemble contre nous et sauvé l'ennemi de l'abordage. Le commandant Muskeyn l'avait déjà ordonné, mais cette contrariété de circonstances réunies n'a pas permis de l'exécuter.

« J'ajouterai encore que le capitaine Muskeyn n'a pas été secondé autant qu'il aurait dû l'être par les capitaines de ses bateaux. La pénurie d'officiers où nous étions au Havre ne nous avait pas permis de faire un choix de sujets qui eussent fait à la fois leurs preuves de talent et de courage.

« Au reste, cette action a été, pour eux comme pour les troupes d'embarquement, l'heureuse occasion d'acquérir de la confiance contre un ennemi que nous avons battu.

« Salut et fraternité.

« Lacrosse. »

On voit, par ce rapport, que les bruits qui avaient couru n'étaient pas absolument mal fondés et que certains capitaines s'étaient plus ou moins bien conduits. Nous allons voir ces reproches devenir plus sérieux et plus graves à Saint-Marcouf.

La présence du contre-amiral Lacrosse activa les préparatifs et réveilla le zèle des matelots qui ne demandaient qu'à reprendre la mer.

Outre les quatre bateaux passés à Grandcamp le 24 germinal, quatre autres chaloupes canonnières étaient sorties dans la rade d'Ouistreham et, profitant de la nuit, avaient fait route, malgré la croisière anglaise, pour La Hougue, où elles étaient heureusement arrivées le 25, à quatre heures du matin. Elles avaient mouillé sans incident, dans la boucle du port, entre Morsalines et le fort (1).

La division anglaise, en vue de laquelle elles avaient fait route, avait été renforcée et se composait actuellement d'un vaisseau de 74, d'un vaisseau rasé, de trois frégates, d'un lougre et d'une canonnière.

Une partie des troupes de débarquement fut expédiée par terre à Saint-Waast (2) et y rejoignit la brigade que la flottille de Cherbourg, arrivée sans encombre dans la baie de La Hougue, y avait amenée récemment.

(1) On comptait si bien sur la réussite de l'expédition, que le 27 germinal an VI, le chef de l'état-major écrivait à l'adjudant général Levasseur, à Saint-Waast, et lui donnait toutes les indications nécessaires « au sujet de l'approvisionnement des îles Marcouf, *lorsqu'elles seront prises par les troupes françaises* ».

(2) *Archives du Ministère de la Marine*. 3 floréal. Le chef d'état-major au commissaire ordonnateur en chef : « Le général Point, qui commande la 4e demi-brigade, chargée d'attaquer les îles Marcouf, a été obligé de rentrer dans la rivière d'Orne. Il ne reste de vivres que pour 4 jours. Donner des ordres pour que les subsistances soient assurées. »

VII

Pendant la nuit du 6 au 7 floréal an VI (1ᵉʳ mai 1798), l'expédition sortait de la rivière d'Orne et prenait sa formation de route dans la baie de Sallenelles.

La lettre suivante, du contre-amiral Lacrosse, annonçait ainsi son départ au général Kilmaine :

« De Caen, le 8 floréal an VI.

« Toute la flottille a quitté la baie de Caen et elle est déjà rendue à La Hougue, à l'exception de quelques bateaux Muskeyn en relâche dans la baie de Courseulles, d'où la marée leur permettra de sortir demain ou après-demain. Toutes les forces ennemies ont disparu de nos côtes, je ne sais pour quel motif, les frégates s'étant inutilement opposées au passage de nos bateaux.

« Il n'y a pas un seul malade, ni parmi les marins, ni dans la demi-brigade. On a fait filer par terre, à La Hougue, presque toutes les troupes ; ainsi l'attaque sera prochaine et notre succès n'est pas douteux.

« Salut et respect.

« Lacrosse. »

P.-S. — Je pars d'ici pour me rendre à La Hougue.

Au moment de l'appareillage, un fait se serait passé, si l'on en croit les journaux locaux, qui établirait les relations d'espionnage, très actives, affirmait-on, entre les gens des campagnes, ou les chouans, et les Anglais.

A la date du 9 floréal, la *Gazette du Calvados* insérait cet entrefilet :

« La flottille, commandée par le capitaine Muskeyn, a quitté, dans la nuit du 6 au 7, l'embouchure de la rivière d'Orne. On prétend qu'elle est arrivée à destination.

« Les espions de Pitt, répandus avec profusion sur nos côtes, n'ont pas manqué de donner le signal de sa sortie aux frégates anglaises. Au moment où elle mettait à la voile, il fut tiré, dans la plaine de Saint-Aubin, trois fusées volantes, auxquelles les frégates répondirent par trois coups de canon (1).

« On est à la recherche de ces plats et officieux valets du gouvernement anglais. »

Malgré ces agissements, la poursuite des frégates, qui avaient immédiatement rallié les îles Saint-Marcouf, fut évitée, et le 7 floréal an VI, tous les navires étaient rendus dans la baie de Saint-Waast, à l'abri d'un coup de main.

Toutefois, les Anglais étaient maintenant au courant du but de l'expédition et, depuis le combat

---

(1) Dans les campagnes, l'espionnage était organisé tout le long de la côte, aussi bien dans le Calvados que dans le Cotentin. Les royalistes correspondaient entre eux, ou avec les Anglais, par des signaux lumineux ou des feux allumés sur certains points commandant une vaste étendue de côtes; Meuvaines, la pointe de la Percée, Grandcamp, les Veys, Landemer, étaient les plus en usage. Des pêcheurs servaient aussi souvent d'intermédiaires.

de Sallenelles, complétaient les moyens de défense des îles et renforçaient leur croisière sur les côtes du Cotentin.

Ils surveillaient activement la côte et, dans la baie de La Hougue, notamment, ils envoyaient, presque toutes les nuits, des embarcations armées à la découverte. Ces embarcations, la plupart du temps manœuvrées à la rame et protégées par leur faible hauteur au-dessus de l'eau, étaient à peu près invisibles, aussi s'approchaient-elles très près des rivages et même des points fortifiés.

Pendant la nuit qui suivit l'arrivée de la flottille dans la baie, deux pêcheurs de Saint-Waast, qui relevaient leurs filets à peu de distance au large de l'île de Tatihou, se trouvèrent subitement entourés par trois chaloupes anglaises, armées en guerre. Les pêcheurs, surpris, n'avaient pas eu le temps de hisser leur voile ni de prendre leurs avirons.

Un officier anglais passa dans leur barque avec quelques matelots et, sous la menace de les retenir prisonniers s'ils refusaient de répondre, leur fit subir un long interrogatoire sur les forces françaises rassemblées à terre, le nombre des bateaux dont se composait la flottille et l'armement en général.

Au moment où les Anglais reprirent le chemin des îles, ils forcèrent les pêcheurs à les accompagner jusqu'à une petite distance de l'île du Large, de façon à les empêcher de communiquer avec la terre avant une heure avancée de la matinée. Ils les remirent ensuite en liberté, après s'être approprié le produit de leur pêche, qu'ils payèrent en monnaie anglaise.

Dans la relation qu'ils firent de cet incident, les pêcheurs prétendirent que le soi-disant officier anglais, qui les avait interrogés, devait être un émigré français embarqué avec les Anglais et que c'était, du reste, à son intervention qu'ils devaient d'avoir reçu le prix de leur poisson.

Ces incidents, malgré les précautions prises et les avis des autorités, n'étaient pas rares et, le plus souvent, les pêcheurs ne s'en tiraient pas à aussi bon compte.

Tous les moyens mis à la disposition des chefs de corps étaient maintenant réunis. Les bataillons, concentrés à Saint-Waast, Morsalines, Quettehou et Réville, attendaient avec impatience le signal de l'embarquement. Le temps et l'état de la mer étaient particulièrement favorables et un trop long retard ne pouvait que nuire au succès de l'expédition.

Un conseil de guerre fut tenu à Saint-Waast. Le contre-amiral Lacrosse, le général Point, le capitaine du génie Galbois, le commandant Muskeyn et les chefs de corps y assistèrent. L'attaque fut résolue pour le 18 floréal an VI (1) (7 mai 1798), au matin.

Les préparatifs se firent rapidement et tout paraissait marcher à souhait. Le 6 mai, à huit heures du soir, toutes les troupes furent embarquées et les

(1) La nouvelle de l'attaque parvint rapidement à Caen, car la *Gazette du Calvados* l'annonçait ainsi à ses lecteurs dans son numéro du 19 floréal an VI : « Les îles Saint-Marcouf ont dû être attaquées, dans la nuit du 17 au 18 courant, par la

bateaux plats rangés en trois divisions sous le fort de La Hougue.

La nuit, bien qu'obscure, était belle et chaude, la mer calme, mais malheureusement phosphorescente. Tous les coups d'aviron produisaient une gerbe lumineuse qui permettait de suivre de loin le sillage des navires.

Aussi la marche de la flottille fut-elle vite reconnue par les Anglais, qui étaient sur leurs gardes. Deux coups de canon rappelèrent les vaisseaux croisant au large.

Vers minuit et demi, la flottille s'arrêta à une lieue des îles. Elle se remit en marche à deux heures du matin, formée en trois divisions qui devaient agir ensemble, d'abord contre l'île de Terre, la plus importante, et ensuite contre l'île du Large.

Les soldats étaient pleins d'ardeur et ne demandaient qu'à se battre; en était-il de même des capitaines mariniers, c'est ce dont il est permis de douter. En effet, soit par défaut d'entente, soit par suite de mauvaises manœuvres ou, il faut bien l'avouer, par la lâcheté de certains capitaines de bateaux, l'opération, si bien concertée, échoua piteusement, comme on va le voir.

flottille de la République, commandée par le capitaine Muskeyn. Un rapport du commandant de l'arrondissement de Bayeux, apporté hier, à 9 heures du soir, au général Delarue, par une ordonnance, porte que le commandant du cantonnement de Grandcamp vient de lui donner avis que la canonnade avait cessé à 7 heures du matin, que la fusillade allait son train, et qu'il espérait lui apprendre sous peu la prise des îles. »

Nous donnons d'abord le rapport du capitaine Galbois, adressé, par l'intermédiaire du général en chef Kilmaine, au président du Directoire exécutif :

« Citoyen Président,

« Le 17 floréal, à 8 heures du soir, la flottille, composée de quinze canonnières, trente bateaux plats canonniers, deux bombardes et deux avisos, est appareillée sous le fort de La Hougue, à deux heures de flot, pour aller mouiller au sud-ouest de l'île de Terre, à grande portée de canon, afin de se rallier et de se former, avant le point du jour, pour donner l'assaut aux îles à ce moment.

« Elle a nagé toute la nuit en bon ordre, le cap au sud-est, et a eu connaissance des îles Saint-Marcouf, à une lieue dans l'est-sud-est, vers une heure du matin. Alors elle a rabattu un peu le cap au sud, pour éviter d'approcher de trop près les îles et pour cacher sa marche. Cependant, le grand calme qui régnait cette nuit aura permis aux Anglais d'entendre probablement le bruit des avirons, car ils ont aussitôt tiré deux coups de pierriers et battu la générale. Ce signal était sûrement de convention entre elles et un vaisseau, une frégate et une corvette, qui étaient restés la veille à deux lieues dans l'est.

« La flottille a continué sa marche et le commandant a donné l'ordre de mouiller à deux lieues, laissant les îles à une lieue dans l'est. A trois heures et demie, le commandant a fait signal aux canonnières de s'approcher des îles à portée de canon. Elles ont un peu nagé de ce côté, mais, ayant été prévenues à quatre heures par un feu violent de canon et de bombes, le commandant leur a ordonné de mouiller, voyant que les boulets des îles outrepassaient la flottille, qui se trouvait cependant encore à une demi-lieue, et a fait signal aux bateaux plats, formant trois divisions, d'attaquer ensemble.

« Les chaloupes canonnières ont employé à se mettre en ordre un assez long temps, pendant lequel le feu le plus actif partait de tous les points des îles sur les différentes parties de la flottille et particulièrement sur les bateaux plats qui s'approchaient le plus. Ceux-ci ont continué de marcher en ligne pour opérer le débarquement, mais voyant que les chaloupes canonnières restaient toutes mouillées (sauf *L'Éclatante* qui les a ralliées pour les soutenir), ils n'ont osé approcher et sont restés, pendant une demi-heure, presque immobiles, en tirant, de temps en temps, quelques coups de canon sur les îles, d'environ un quart de lieue, sans oser tenter le débarquement, *malgré l'ordre du commandant.*

« Cinq bateaux plats, en tête de la division de droite, se sont cependant avancés très près des îles, dans l'intention d'y aborder. Ils ont longé l'île de Terre sous une pluie de boulets et de mitraille ; mais s'apercevant que les autres n'approchaient point, ils se sont éloignés à force de rames. Un d'eux a reçu cinq boulets et deux obus, qui ont forcé l'équipage de l'évacuer, de peur de couler avec le bateau, qu'une chaloupe anglaise, détachée d'une frégate, est venue remorquer quelque temps après.

« Le commandant, voyant le découragement des bateaux, a viré de bord pour revenir à La Hougue, et toute la flottille l'a suivi, en essuyant, dans sa retraite, la continuation du feu de l'ennemi.

« Le vaisseau, la frégate et la corvette étaient à une lieue et demie des îles, que le calme les empêchait de joindre avant la marée montante, qui commençait à 7 heures.

« Le combat se termina à 6 heures environ. Il y a eu, en tout, dix hommes tués, dont un à bord de *L'Éclatante*, sur laquelle j'étais embarqué, et quatorze blessés (1), dont sept à huit dangereusement.

« L'armement de ces îles est considérable et les retranchements sont en bon état. Cependant, il me semble certain que, si les bateaux plats eussent abordé, nous eussions forcé tous leurs ouvrages, avec les différents moyens que nous nous étions ménagés.

« La Hougue, le 19 floréal an VI (8 mai 1798).

« Le capitaine du génie employé dans l'expédition,

« Galbois. »

Ce rapport était accompagné d'une lettre du général Kilmaine, rendant responsable de l'échec certains capitaines de bateaux qu'il accusait formellement, comme on le verra par la suite.

---

(1) Les feuilles anglaises exagérèrent, bien entendu, nos pertes. On les évaluait modestement à 600 hommes, tués ou blessés, et à 7 chaloupes canonnières coulées. Encore nous faisait-on la grâce de ne pas compter les prisonniers.

VIII

Ce rapport, qui cherchait à présenter l'affaire sous le jour le moins défavorable possible et qu'il faut lire entre les lignes, ne donnait qu'un aperçu très adouci de la vérité. Celle-ci était à la fois plus simple et moins honorable.

En somme, l'expédition était manquée par la faute des capitaines mariniers, qui, en majorité, soit par défaut d'entente, soit par lâcheté, dépassèrent les îles et se laissèrent entraîner dans les Veys, où ils devinrent inutiles et restèrent à l'abri.

Fort peu firent leur devoir; l'ordre donné à 4 heures du matin, par le commandant, d'avoir à se rallier en divisions et d'attaquer les îles, ne fut pas observé. C'est ce qui ressort des faits et de ce passage des *Souvenirs* du baron Hulot :

« Les premières lueurs de l'aurore apparaissaient et le silence le plus absolu régnait autour de nous. Mon lougre, *Le Vengeur*, ne marchait plus en tête ; il commandait la réserve des transports. Le jour nous apporta le spectacle de la disparition de la flotte. Les embarcations, séparées les unes des autres par les courants contraires, se trouvaient, pour la plupart, très éloignées des îles.

« On hissa immédiatement les signaux de ralliement et de combat, mais les chances de surprise que nous offrait l'obscurité étaient évanouies. Quelques groupes de bateaux plats se dirigeaient sur les îles avec une vitesse inégale et les canonnières se rapprochaient pour les soutenir.

« Le soleil était levé depuis plus d'une heure, quand la canonnière *L'Éclatante*, capitaine Vallée, commença son feu à bonne distance. Les Anglais ripostèrent à l'instant par une décharge générale qui éclata comme un coup de tonnerre ; chaque rocher paraissait en flammes.

« Quelques bateaux se rapprochaient visiblement de la côte ; à leur tête était celui du capitaine Giraud, qui fut atteint et, sur-le-champ, coulé à fond (1). Sur ces entrefaites, trois grosses voiles, signalées au sud-ouest, semblèrent se gonfler et trouver assez de vent pour nous donner la chasse. Dès lors, l'expédition était manquée ; on fit le signal de retraite et nous rentrâmes en rade. »

L'attaque, qui devait avoir lieu au petit jour, ne fut même pas esquissée à ce moment-là ; aucune des dispositions prises ne reçut son plein effet. Le désordre et la confusion paraissent avoir été à leur comble au signal de ralliement.

Sans vouloir accuser personne, le capitaine Vallée, de la canonnière *L'Éclatante*, le seul qui eût fait courageusement son devoir, avec trois ou quatre bateaux plats, écrivait, le 19 floréal, à l'adjudant général Levasseur, à Caen :

« Je m'empresse de vous informer, Général, de la sortie de la flottille commandée par le capitaine de

---

(1) Inexact : il fut amariné par les Anglais, après avoir été évacué.

vaisseau Muskeyn, dont la mission était d'enlever les îles Saint-Marcouf.

« Nous avons quitté la rade le 17, avec le plus beau temps possible. Nous nous sommes rendus, dans la même nuit, à une petite distance des îles, afin de nous trouver, au petit jour, à portée d'effectuer la descente.

« Je ne sais par quelle fatalité une partie de la division n'a pas donné. Je me suis trouvé, avec cinq ou six bateaux plats, à un quart de portée des îles. Là, nous avons fait tout le feu dont nous étions capables.

« Un bateau plat a été coulé, mais on en a sauvé l'équipage. Deux hommes seulement ont péri par le boulet. Les quatre autres bateaux canonniers ont perdu quelques hommes. Pour moi, je n'en ai perdu qu'un seul. Une partie de mes manœuvres a été coupée.

« Nous avons eu, dans cette petite affaire, dix hommes tués et quinze blessés, sur cinq bateaux plats et deux canonnières seulement. Le reste de la flottille n'a éprouvé aucun mal.

« Comme elle faisait route pour La Hougue et *que nous nous trouvions abandonnés*, nous nous sommes repliés sur elle. »

Ainsi, et cela résulte de cet ensemble de documents, sur une cinquantaine de bâtiments présents à l'attaque, huit à dix, tout au plus, avaient fait à peu près leur devoir (1). On pourra trouver que c'est peu.

---

(1) La conduite et les explications de la marine parurent tellement suspectes, que les généraux ordonnèrent, dès la première heure, une enquête sur le personnel. Il y eut de graves

On avait pourtant toutes les chances pour réussir : troupes aguerries et nombreuses; artillerie suffisante; marée de quartier, n'ayant ni flux, ni reflux considérable; mer calme et pas de vaisseaux anglais à portée, immobilisés qu'ils étaient, faute de vent (1), à trois lieues des îles.

Nous trouvons la liste des rares officiers de marine qui s'étaient bien conduits, dans une note faisant partie des papiers du général Vandamme, qui commandait alors à Cherbourg. Elle cite le commandant Vallée (2), lieutenant de vaisseau de *L'Éclatante*, comme ayant donné l'exemple de la décision et

---

contestations et elle n'aboutit pas : un enseigne, Le Vicaire, seul, fut acquitté. Elle fut reprise plus tard, comme on va le voir.

(1) La division navale anglaise était immobilisée dans l'est des îles, par suite de la marée qui lui était contraire et des courants. De plus, le vent, très faible et soufflant par intervalles de la partie N.-O., ne lui permettait pas d'approcher avant le flot.

Le canot qui vint amariner le bateau plat, à moitié coulé, ne put être envoyé d'une des frégates, mais de l'île de Terre, d'où il se trouvait à portée.

(2) Le lieutenant de vaisseau Vallée, qui soutint avec courage l'honneur de son pavillon, se montra plus explicite que dans la lettre reproduite plus haut, à l'occasion de bruits calomnieux qu'il se trouva obligé de rectifier peu de temps après l'affaire du 18 floréal. Les enquêtes commencées par la marine et l'armée de terre y avaient donné lieu. Dans une communication faite aux journaux de l'époque, il constate la déception qu'éprouvèrent les *vrais marins* de la flottille en voyant la désertion et l'inaction de la plus grande partie des équipages, qui refusèrent de se porter en avant.

du courage; les enseignes Fabien, du *Moustique;* Héron, du *Cerbère;* Valleton, du *Maringouin;* Gibert, commandant trois chaloupes détachées, et Duchesne, d'un bateau plat (1), qui s'approcha assez près de l'île de Terre, avec le capitaine Giraud, dont le bateau fut coulé.

Et encore ces derniers, sauf le lieutenant Vallée, ne firent-ils que ranger, en passant, les batteries ennemies dont ils essuyèrent le feu, sans grand mal d'un côté et d'autre.

Ces officiers étaient tous du port de Cherbourg.

On prétendit cependant que l'échec était dû à une autre cause et qu'un déplorable malentendu était venu contrarier les efforts des assaillants. Des chaloupes canonnières, affirmait-on, restées sur les derrières de la seconde division, et qui devaient se porter sur ses flancs pour se rapprocher de l'île, avaient tiré maladroitement sur les bateaux plats, qui s'étaient trouvés ainsi entre deux feux.

On disait aussi que les Anglais, au moment où l'on donna le signal de la retraite, se disposaient à évacuer les îles, effrayés par le nombre des assaillants; que leur feu avait considérablement diminué et que leur commandant avait même fait préparer un canot, dans lequel il était sur le point de s'embarquer pour aller rejoindre l'escadre anglaise (2).

---

(1) Le capitaine d'infanterie Montandry fut assez grièvement blessé (1er bataillon de la 4e demi-brigade).

(2) Voici l'une des explications de cet échec qui furent données à l'époque; inutile de faire observer qu'en dehors de

Ces récriminations masquaient mal la vérité, malheureusement beaucoup plus simple. Dans un rapport subséquent au Directoire, le général Kilmaine n'hésita pas à accuser plusieurs capitaines d'ivresse et de lâcheté (1). Huit d'entre eux furent traduits devant un conseil de guerre, sur la plainte

l'exagération, trop visible, elle ne reposait sur aucune pièce officielle.

« Cependant la division de gauche se porta au N.-O. et attaqua avec vigueur, en même temps que les bateaux plats de la division du centre s'avançaient audacieusement sous la volée des boulets de l'ennemi et ripostaient par leur artillerie aux foudres des batteries anglaises. Alors un cruel malentendu vint de nouveau contrarier les efforts des assaillants. Des chaloupes canonnières, restées sur les derrières de la seconde division et qui devaient se porter sur ses flancs pour s'approcher de l'île, tirèrent maladroitement sur les bateaux plats, qui se trouvèrent ainsi placés entre deux feux. Cependant, l'attaque continuait avec impétuosité et la défense faiblissait. Les troupes de débarquement, dont l'odeur de la poudre et le bruit du canon animaient encore le courage, se disposaient à opérer leur descente, aux cris de : *A terre! A terre!* tandis que les Anglais, effrayés de tant d'audace, cessaient leur feu et que leur commodore se jetait dans son canot pour abandonner l'île. L'issue du combat n'était plus douteuse. Mais qui le croirait? Alors qu'il n'y avait plus qu'à recueillir les fruits de la victoire, le commandant de l'expédition ordonna la retraite et revint à La Hougue ! »

(1) *Archives du Ministère de la Guerre.* Le général Kilmaine au président du Directoire exécutif. — Rapport sur l'attaque des îles Marcouf :

Un insuccès causé par la lâcheté de plusieurs capitaines de bateaux. (L'original de ce rapport fut envoyé, le 26 floréal (15 mai) an VI, au Ministère de la Marine.)

formée par le capitaine Muskeyn, le 18 mai 1798. On trouva qu'ils n'étaient pas les seuls et qu'il serait injuste de faire payer à quelques-uns la faute d'un très grand nombre; aussi, sur l'avis conforme du rapporteur, ils furent acquittés. Cependant, un officier fut dégradé et trois subalternes condamnés au supplice de la cale (1).

L'opinion publique ne s'y trompa pas. On avait annoncé, à plusieurs reprises, le succès de l'expédition. La nouvelle en avait même paru dans les journaux (2). La désillusion fut d'autant pénible.

(1) Le supplice de la cale, autrefois en usage dans la marine et maintenant aboli, était une des punitions les plus rigoureuses du code pénal maritime. Devant l'équipage, rangé sur le pont, le coupable était amené par quatre fusiliers. Après un roulement de tambour, le commissaire lisait, au pied du grand mât, l'arrêt de condamnation. Deux quartiers-maîtres s'emparaient du condamné et lui liaient les mains au-dessus de la tête; ses pieds étaient amarrés sur un cabillot (bout de bois), fixé sur une corde (cartahu) qui devait l'enlever au bout de la grande vergue et, de là, le laisser tomber dans la mer avec le poids d'un boulet attaché sous le cabillot.

Au signal d'un coup de canon, trente matelots, rangés sur le *cartahu*, l'enlèvent avec rapidité et le laissent retomber aussitôt dans la mer, qui s'entr'ouvre sous lui. On le retire, à moitié évanoui, et on le hisse de nouveau pour l'y plonger une seconde fois. Le patient était ensuite dégagé de l'appareil et transporté au poste du chirurgien, qui avait souvent fort à faire pour le remettre en état. Un roulement de tambour annonçait la fin de l'exécution.

(2) Le *Moniteur* du 25 floréal (14 mai 1798), notamment, annonçait la prise des îles Marcouf et celle de 140 pièces de canon et de 900 prisonniers, tant anglais qu'émigrés français.

Les soldats étaient très mécontents et ne se cachaient pas pour manifester leurs sentiments. Un loustic avait, sur place, composé une chanson, sorte de complainte, dont le refrain était :

> Sur ce perfide élément,
> Rempli d'embûches et d'accrocs,
> Allez donc prendre des rocs
> A coups de *crosses* et de *poings* !

Ces deux derniers mots rappelaient les noms du contre-amiral Lacrosse et du général Point, qui étaient à la tête de l'expédition. On sacrifiait ainsi la vérité à l'épigramme, car ces officiers jouissaient d'une réputation méritée de courage et de talents militaires. Ils l'avaient déjà montré et devaient le prouver de nouveau dans la suite.

Comme consolation, le 23 floréal, un corsaire de La Hougue, trompant la croisière anglaise, entra dans le port de Saint-Waast, ramenant trois prises, chargées de marchandises diverses, amarinées au large de l'île de Wight.

Le lendemain, un autre corsaire de Barfleur, petit lougre armé de quatre pierriers, vint donner, par une matinée d'épais brouillard, au milieu de la croisière anglaise. Les coups de canon, qui se succédaient dans la brume, mirent en éveil les forts et la flottille en rade.

Un branle-bas général fut ordonné et l'on attendit une éclaircie pour connaître le motif de cette lointaine canonnade.

Par un bonheur inouï, que favorisait l'état de l'atmosphère et la connaissance qu'avait l'équipage des bancs et des courants, le petit navire, tout en ayant eu à supporter le feu croisé de deux frégates et d'une corvette, entre lesquelles il avait dû évoluer pour prendre chasse, sortit peu après du brouillard, les voiles déchiquetées par les boulets, mais sans avaries graves.

Les Anglais, à la cape sous les îles, n'avaient pas osé le poursuivre dans la baie et s'étaient prudemment tenus au large.

Le corsaire put gagner le havre de Saint-Waast, en compagnie de deux canonnières qui avaient mis à la voile et s'étaient portées en avant de la flottille pour se rendre compte du motif de cette alerte. Les Anglais reçurent deux vaisseaux de renfort et la baie fut activement surveillée.

Les chefs de l'expédition, notamment le capitaine Muskeyn, malgré leur insuccès, voulaient renouveler l'attaque et se portaient forts de réussir. Ils avaient même fait quelques préparatifs, quand leur parvint un contre-ordre formel et l'avis de procéder sans retard au rapatriement des troupes.

IX

Les Anglais, qui avaient cru un moment tout perdu, tinrent à souligner l'échec du 17 floréal.

Le 30, sur les dix heures du matin, une escadre anglaise, forte d'un vaisseau de 74, de cinq frégates, d'une corvette, de deux bombardes et de deux brigs, s'embossa dans la rade de La Hougue, à portée de canon du fort et de l'île Tatihou (1). Pendant cinq heures, ces navires firent pleuvoir une grêle de bombes et de boulets sur les batteries de l'île, le fort et les environs, sans occasionner de dommages sérieux.

Le fort et les batteries répondirent par des salves d'artillerie qui firent quelques avaries aux mâtures des vaisseaux. Vers trois heures de l'après-midi, la division anglaise vira de bord et reprit le chemin des îles, où elle mouilla à deux lieues au large.

La lettre suivante, adressée à la *Gazette du Calvados* par un témoin oculaire, donne une idée

---

(1) L'île de Tatihou s'étend à moins d'un kilomètre de Saint-Waast, comme un gigantesque brise-lames, protégeant la petite rade. Peu élevée au-dessus du niveau de la mer, d'une étendue restreinte, elle conserve encore les fortifications bâties sur l'ordre de Louis XIV, dont une partie avait été autrefois transformée en lazaret et depuis (1894) en aquarium et laboratoire de zoologie maritime.

Une tour élevée, pareille à celle de La Hougue, terminée en 1695, sous la direction de M. de Combes, domine la rade et la baie. A son sommet, on a autour de soi un panorama superbe sur le continent et sur le large. On découvre un immense développement de côtes.

Le fort carré de l'Islet, bâti sur un rocher, relié avec l'île à marée basse, complétait le système de défense. Les batteries de Tatihou et de l'Islet sont encore aujourd'hui armées de quelques pièces d'artillerie. Une demi-compagnie d'infanterie tient garnison à Tatihou.

Ajoutons qu'au XVIIe siècle, l'île appartenait à un Godefroy, écuyer, sieur de Bordemer, auquel Louis XIV l'acheta pour la faire fortifier.

exacte de cette attaque et des sentiments qui animaient alors les populations de ce littoral.

« Caen, le 3 prairial. — La canonnade que l'on avait entendue vers l'ouest, le 29 floréal, n'était point dirigée, comme on le présumait, contre les îles Saint-Marcouf. C'était, au contraire, une division anglaise qui attaquait le fort de La Hougue. Voici, à ce sujet, une lettre écrite le 1er prairial, sur le rivage, par un fonctionnaire public. Elle nous donne les renseignements les plus positifs.

« Une forte canonnade s'étant fait entendre hier, 30 floréal, je me rendis sur le rivage, accompagné du brigadier de gendarmerie. Désirant avoir des renseignements sûrs, je me transportai au fort de Maisy, d'où je vis sept à huit frégates anglaises et quelques brigs qui canonnaient le fort de La Hougue. Leur feu commençait à s'amortir par l'effet de la marée qui luttait contre leurs manœuvres. Le temps était serein et je distinguais facilement les mouvements de l'ennemi.

« Le résultat de son attaque n'a pas été heureux, car, à mer basse, j'ai vu tous les vaisseaux repasser. Ils ont mouillé au-dessus de la grande île Saint-Marcouf. Je pensais que l'attaque recommencerait à la mer pleine, mais je n'ai rien entendu. Il ne s'est tiré d'autre coup de canon que celui de retraite, qui part des îles, tous les soirs, au coucher du soleil.

« Les marins et les canonniers, que j'ai entretenus, sont indignés du peu de concert, autrement dit de la perfidie qui ont accompagné l'expédition du 19 contre les îles Saint-Marcouf. D'agresseurs que nous étions, nous sommes aujourd'hui réduits à la défensive.

« J'apprends, en ce moment, que la flotte anglaise est toujours dans la même position. Voici ses forces : sept frégates, un gros vaisseau, quatre brigs et un chasse-marée. »

Cette attaque ne fut pas renouvelée (1).

Les Anglais, tranquilles dans leurs îles, se contentèrent de surveiller constamment les côtes et d'empêcher tout trafic par mer. Les alertes et les débarquements continuèrent, et aussi les surprises contre les bâtiments français qui se risquaient à forcer le blocus ou qui escortaient les rares convois sortant de Cherbourg ou du Havre.

Plusieurs actions de ce genre se passèrent sur la côte et dans la baie des Veys. Une des plus sérieuses eut lieu le 17 janvier 1801.

---

(1) Le but des Anglais, en venant bombarder les forts, n'était pas seulement d'esquisser contre ceux-ci une attaque qui avait peu de chances de réussir, c'était surtout, si la flottille avait conservé ses postes de mouillage en dehors de la petite rade, d'essayer d'incendier et de détruire une partie des embarcations. « Les Anglais, dit le baron Hulot, mis au courant de tous nos projets par leurs espions, vinrent bombarder nos bateaux dans la rade de La Hougue, avant qu'ils n'en fussent sortis, et commettre des hostilités sur divers points de la côte. » Mais la flottille avait été heureusement mise à l'abri dans les havres de Saint-Waast et de Morsalines, couverts par l'île de Tatihou et la presqu'île de La Hougue. Les ennemis n'osèrent pas s'aventurer, avec les chaloupes qu'ils avaient préparées, si près de nos moyens de défense.

Les navires anglais, qui croisaient dans la baie de La Hougue, eurent connaissance, le 16 janvier, de la présence dans l'anse du Grouin, petit havre de la rivière d'Isigny, de la canonnière *La Chiffonne,* qui s'y était momentanément réfugiée. Cette canonnière, qui avait fait partie de l'expédition de 1798, portait sept canons et avait pour commandant l'enseigne de vaisseau Lesage.

Une chaloupe, envoyée de l'île du Large à la découverte, revint dans la soirée et apprit aux Anglais que ce bâtiment venait d'envoyer à Cherbourg seize matelots, pour compléter l'équipage de la frégate *La Guerrière*. Ils résolurent d'en profiter pour aller l'enlever avec des chaloupes armées.

Le lendemain, 17, à neuf heures du soir, huit grandes péniches, montées de vingt-cinq à trente hommes chacune, partirent de l'île de Terre, sous le commandement du lieutenant Press, de la marine royale. Les avirons étaient garnis d'étoupe et les précautions prises pour approcher en silence de la canonnière française.

Vers dix heures, par une nuit fort obscure et une mer calme, la vigie de *La Chiffonne* signala des embarcations arrivant sans bruit et à peu de distance. L'officier de quart les héla, en leur ordonnant de mouiller, mais comme elles avançaient toujours sans tenir compte de l'injonction, on leur tira deux coups de canon à mitraille. Les Anglais forcèrent de rames et vinrent, en poussant des hourras, s'accrocher aux flancs du brick. Il n'y avait que vingt-six hommes à bord; dix hommes, détachés pour garder une pièce de canon dans une redoute qu'on élevait sur la côte, n'avaient pu regagner le navire.

Le premier choc fut vif; heureusement la canonnière, protégée par le filet d'abordage qui lui faisait une ceinture de sept à huit pieds de hauteur au-dessus des bastingages, repoussa vigoureusement l'ennemi. L'enseigne Lesage tomba, le corps traversé par une balle. On se battait à coups de fusil, de pique, de sabre d'abordage et de pistolet.

Pendant une heure et demie, les Anglais renouvelèrent avec acharnement leurs attaques; les péniches se remplissaient de morts et de mourants. Un obusier de 24, chargé à balles, ne laissa que deux hommes debout dans une des chaloupes.

A la fin, désespérant de se rendre maîtres du navire, les Anglais cessèrent l'action et prirent la fuite, après avoir essayé de mettre le feu à l'avant de *La Chiffonne* avec des chemises soufrées. Ils avaient perdu cinquante-sept hommes, le sang coulait à flots de leurs embarcations. Quelques-unes étaient tellement désemparées, qu'elles ne purent s'éloigner qu'à la remorque des autres.

La Chiffonne (1) n'eut que huit hommes hors de combat : deux morts et six blessés. Deux cents Anglais avaient été forcés à la retraite par vingt-six Français.

(1) Ce ne fut pas le seul fait d'armes qui se passa à bord de cette canonnière. Le 2 juillet 1803, à 9 heures du soir, *La Chiffonne* se trouvait en station dans la rade de Cherbourg, quand une frégate anglaise de 48 canons, *La Minerve*, ancienne

Le bruit de la canonnade avait mis sur pied la population des environs. Un détachement de la 63ᵉ demi-brigade et une centaine de gardes nationaux arrivèrent, vers une heure du matin, de La Cambe, de Grandcamp et d'Isigny. Les Anglais ne renouvelèrent pas leur tentative.

La canonnière, dont les agrès et les bordages avaient beaucoup souffert, appareilla et remonta la Vire jusqu'à Isigny, où elle mit à terre ses morts et ses blessés.

Une autre affaire du même genre eut lieu peu après entre le brick *Le Printemps* et des péniches anglaises. Elle fut moins sanglante et se termina aussi à l'avantage des Français (1).

---

prise française, vint s'échouer sur les enrochements de la digue en construction.

Les forts ouvrirent aussitôt le feu et *La Chiffonne*, soutenue par *La Terrible*, s'avança à l'entrée de la digue pour prendre la frégate anglaise en enfilade. L'action dura toute la nuit, et, dans la matinée du 3, les Anglais, qui avaient fait des efforts inutiles pour se renflouer, amenèrent leur pavillon. La frégate fut amarinée par le lieutenant de vaisseau L'Écolier, commandant *La Chiffonne*, sur laquelle fut transbordé l'équipage anglais, qui avait eu une trentaine de matelots morts ou blessés.

La Minerve fut renflouée et, après de tragiques aventures, s'illustra, dans les mers de l'Inde, par son glorieux combat contre le vaisseau *Le Tremendous* et la prise de la frégate anglaise *Laurel*. Elle s'appelait alors *La Canonnière*, et finit par être prise en 1810. *(Archives de la Marine.)*

(1) Une singulière et terrible méprise eut lieu aux îles Saint-Marcouf le 8 mars 1807. Le lendemain, 9, la corvette française *Le Cygne*, commandée par M. de Trobriand, arriva sur la rade de Cherbourg, totalement désemparée et faisant eau de

Ces incidents n'eurent pas d'influence sur l'état de la presqu'île. Après la mort du comte de Frotté, fusillé à Verneuil en 1800, et la soumission des chefs royalistes qui restaient encore à la tête de quelques bandes éparses, la Normandie et le Cotentin recouvrèrent une sécurité relative depuis longtemps désirée.

Quant à la flottille réunie à La Hougue, elle fut disloquée et rentra, par petits groupes, au Havre et à Honfleur. Elle devait servir plus tard à l'immense armement préparé à Boulogne par Napoléon Ier.

Son retour, grâce aux précautions prises, ne fut pas inquiété par les croiseurs anglais. La traversée se fit du reste par étapes successives.

Toutefois, un incident, arrivé en face de Courseulles, vint démontrer le peu de valeur des canonnières Muskeyn, comme bâtiments de mer.

Par suite d'une saute de vent, un de ces bricks fut démâté de ses mâts de hune, qui tombèrent le long du bord. Le poids seul de ces agrès fit telle-

toutes parts. Ce vaisseau, battu par la tempête, était allé, la veille, s'abriter sur la rade de La Hougue. Bien qu'en plein jour, le commandant des îles Saint-Marcouf n'avait reconnu ni son pavillon, ni ses signaux, et les batteries de l'île du Large l'avaient canonné comme un navire ennemi. La corvette avait eu plusieurs hommes blessés, son mât de misaine et son grand mât de hune coupés. Elle dut, malgré l'ouragan, lever l'ancre et reprendre la mer pendant la nuit, et ce fut par miracle qu'elle réussit à gagner Cherbourg.

A peine réparée, le 12 mars 1808, sur la même rade, cette corvette fut enveloppée dans un épouvantable coup de vent qui la jeta à la côte, en face des Mielles.

ment pencher le navire, que le pont se trouva engagé et qu'il se fût infailliblement retourné la quille en l'air sans le secours que lui portèrent aussitôt les bateaux qui faisaient route avec lui. On put couper à temps les étais et les cordages, ce qui permit à la coque de reprendre son aplomb.

Ces navires continuèrent cependant leur service sur nos côtes pendant toute la durée du premier Empire et eurent à soutenir plusieurs combats contre les frégates ennemies. L'un, notamment, qui eut lieu en 1811, au mouillage de la Fosse d'Espagne, en face d'Arromanches, où une canonnière fut coulée à fond et une frégate anglaise gravement avariée, dura deux jours entiers, les 7 et 8 septembre, et fut assez sérieux. Les falaises, dominant le rivage, étaient couvertes d'une foule de personnes accourues pour être témoins de l'action.

Le départ des troupes rassemblées pour l'attaque des îles avait précédé le retour de la flottille. Elles regagnèrent successivement leurs cantonnements respectifs. Une partie du 4ᵉ régiment de ligne fut laissée à Saint-Waast. L'autre partie fut envoyée à Cherbourg. En fructidor an VI, cette demi-brigade fut rattachée à la 14ᵉ division militaire et passa sous les ordres des généraux Digonnet et Dufour.

La 13ᵉ compagnie du 6ᵉ régiment d'artillerie fut envoyée en subsistance à Barfleur (1) et, plus tard,

(1) Le capitaine Hulot, l'auteur des *Souvenirs*, que nous avons cité, fut envoyé à Barfleur avec une section de sa batterie. Dans une lettre, écrite de Barfleur à ses parents, le 20 août 1798, nous trouvons la description d'une coutume qui s'est maintenue

fut stationnée à Cherbourg, où elle resta pendant deux ans.

Le général Point avait reçu, le 10 floréal, l'ordre de se rendre à l'armée d'Italie, où il devait trouver une mort glorieuse sur le champ de bataille de Popoli.

X

Ainsi se termina cette expédition. Nous en avons donné le récit complet, d'après les rapports originaux et les documents conservés au Ministère de la Guerre.

L'année suivante, le bruit se répandit qu'une nouvelle tentative allait avoir lieu. Les Anglais renforcèrent leur garnison. On prétendait qu'une armée de 60.000 hommes, rassemblée sur les côtes, sous les

---

jusqu'à nos jours et qui a fourni aux auteurs des *Cloches de Corneville* l'une des scènes les plus originales de leur pièce. « Quelquefois, pour me promener, écrit-il, je vais dans les foires des bourgs voisins. Je vois là un spectacle qui ne se rencontre pas dans notre pays. A côté des bestiaux à vendre, se trouve une foule d'hommes et de femmes portant chacun un bouquet à la main. Ces fleurs annoncent que celui qui les porte est à vendre. Un fermier se présente et demande : Combien le bouquet? — Cinquante écus. — Trop cher! — Quarante écus. — Je le prends. — Et l'homme ou la femme est au service du fermier. »

Nous pouvons ajouter, par nos souvenirs personnels, qu'à Quettehou et à Montebourg, les loueries se font encore avec le même usage Un fermier ou un bourgeois, en quête de domestiques, ne s'adresserait jamais à un garçon ou à une fille qui n'aurait pas un bouquet à la main.

ordres du général Moulins (1), enverrait un détachement pour essayer à l'improviste un coup décisif sur les îles. Ce ne fut, dans tous les cas, qu'un projet sans consistance et rien ne fut tenté.

Les Anglais restèrent paisibles possesseurs des îles Saint-Marcouf jusqu'en 1802. Ils augmentèrent les ouvrages qu'ils y avaient déjà construits, et ils s'apprêtaient à jeter les fondations d'un fort sur l'île du Large quand la conclusion de la paix vint interrompre les travaux.

Jusqu'à cette date, les îles ne cessèrent pas de donner asile aux royalistes (2) chargés de missions secrètes ou obligés de se soustraire aux recherches de la police.

(1) Le général Moulins (Jean-François-Auguste, baron) était né à Caen, le 14 mars 1752. Il était fils de Jean-François Moulins, marchand drapier, et de Françoise Larcher. Il était ingénieur à l'Intendance de Paris, quand il s'engagea en 1791 et fit les campagnes de la République. Général de brigade en 1793, de division en 1794, commandant en chef de l'armée française en Hollande, il devint général en chef de l'armée d'Angleterre en 1798. Nommé membre du Directoire en 1799, il vécut dans la retraite après le 18 brumaire. Plus tard, Napoléon Ier lui confia le poste de gouverneur d'Anvers. Moulins mourut à Pierrefitte (Calvados), le 12 mars 1810.

(2) Les îles Saint-Marcouf restèrent toujours, jusqu'en 1802, le centre des correspondances et des expéditions organisées à Londres et à Jersey par les royalistes. Les populations du Cotentin avaient même fini par croire à un débarquement imminent des Anglais. Ces craintes étaient entretenues par les apparitions incessantes de leurs croiseurs sur la côte, par des feux qui, de la pointe de Grandcamp, correspondaient fréquemment avec les îles et par les passages continuels des

Malgré les nombreux postes établis sur la côte, postes qui rendaient fort difficiles, surtout après 1800, l'embarquement et le débarquement des fugitifs, certains personnages continuèrent, avec une rare audace, leurs courses aventureuses. Nous n'en citerons qu'un exemple.

A ces îles est attaché un nom que la triste fin de celui qui le portait a rendu notoire dans notre contrée. Nous voulons parler du comte d'Aché (1), plus connu sous le titre de baron d'Aché. Il s'était de très bonne heure entremis dans le service de la correspondance avec les princes. Dès 1796, nous constatons sa présence fréquente à Saint-Marcouf.

Ancien officier de la marine royale, grand, fort, bien découplé, entreprenant et hardi, malgré la cinquantaine; déguisé tantôt en marin, tantôt en

émigrés et des chefs de chouans. Tantôt, dit M. de La Sicotière, les passagers étaient jetés sur la côte plate, avec un trajet de deux ou trois cents mètres à faire au milieu des vagues, sans avoir la certitude de retrouver, en cas d'impossibilité de pénétrer dans le pays, le bateau qui n'attendait guère leur retour; tantôt ils gravissaient ou descendaient, à des hauteurs vertigineuses, les falaises les plus redoutables, suspendus à des cordes à nœuds, ou se faufilant, pendant la nuit, à travers des couloirs à pic, au milieu des rochers. Meuvaines, la pointe de la Percée, auprès de Louvières, Grandcamp, les Veys et Jobourg étaient les points les plus fréquentés.

(1) Aché (François-Robert, comte d') était né le 24 décembre 1758, à Marbeuf (Eure). Il avait d'abord émigré, mais était bientôt après rentré en France et s'était établi aux environs de Bayeux et de Falaise. Ses noms de guerre étaient *Deslorières* et *Alexandre*. Il prit part, sous l'Empire, à la conspiration de Cadoudal et connut l'affaire du bois du Quesnay, mais la désapprouva.

charretier ou en marchand de dentelles de contrebande, rien ne l'arrêtait, et il réussissait toujours à échapper à ceux qui le poursuivaient.

Il eut plusieurs rendez-vous avec Frotté à l'île de Terre, où il débarquait souvent. Il y avait fait la connaissance d'un ancien chouan, nommé David, matelot de son état, qui s'était dévoué à lui corps et âme (1). Il s'embarquait presque toujours avec ce fidèle serviteur, soit à Meuvaines, soit aux environs de la pointe de la Percée, et gagnait les îles sur un canot de dix-sept pieds de long, qui lui appartenait et qu'il tenait soigneusement caché dans des retraites connues de lui seul. C'est sur ce même canot qu'il ne craignit pas, plus tard, quand les îles furent rendues à la France, d'affronter la traversée de la Manche pour aller sur la côte anglaise remettre ou chercher des dépêches.

Le comte d'Aché avait été un des lieutenants de Frotté. Une note de celui-ci, écrite en 1799, donne l'état de répartition des divisions royales de Nor-

(1) Vers 1808, le comte d'Aché se servit fréquemment d'un autre personnage, nommé La Brèque, ancien messager de Frotté aux îles Saint-Marcouf. Cet homme, à la fois vétérinaire et garde champêtre, remettait les correspondances royalistes des personnes qui, placées sur la côte, lui faisaient des signaux annonçant qu'il pouvait débarquer sans danger.

Il connaissait aussi l'abbé Nicolas, curé de Vierville, loup de mer intrépide, qui, sa messe dite et son bréviaire récité, s'embarquait souvent seul dans un canot et gagnait les îles Saint-Marcouf, où il s'abouchait avec les émissaires des princes. D'Aché le voyait fréquemment. C'est encore une figure originale et peu connue.

mandie et les noms des officiers désignés pour les différents services.

Nous y voyons que le comte d'Aché était chargé de la correspondance entre les îles Saint-Marcouf et la côte française, depuis Saint-Waast et Vierville jusqu'à Coutances et Granville, avec le chevalier d'Asnières et le baron de Labesse, qui était en sous-ordre.

Il avait pour collègue Louis Guérin de Bruslart, officier bien connu dans la chouannerie normande, qui avait la mission d'assurer, dès 1797, la correspondance établie entre les îles et l'Angleterre. Bruslart était adjudant-major de Frotté, brave, mais peu populaire parmi ses compagnons d'armes. Il a été très diversement jugé et se trouvait au château de Vaubadon, avec d'Aché, lorsque celui-ci en partit pour aller à Bayeux chez les dames Anfry et de Montfiquet, puis, de là, à la mort. Après de nombreuses aventures, Bruslart resta caché à Valognes jusqu'à la chute de l'Empire.

Le comte d'Aché était fort connu à Saint-Marcouf, où il se rencontrait avec les principaux chefs de l'insurrection normande. Les commandants des îles avaient ordre de lui prêter toute l'assistance nécessaire. Il passait même quelquefois à Jersey, où l'amiral Saumarez devint son ami et lui rendit d'importants services (1).

(1) En 1806, le comte d'Aché était resté trois mois en Angleterre et avait concerté avec M. de La Chapelle, ministre de Louis XVIII, un débarquement des princes et d'une armée anglo-russe dans le Cotentin. On devait descendre des deux

On connaît les circonstances dramatiques de son assassinat (1). Trahi par Mme Le Tellier de Vaubadon (2), à l'instigation du sénateur, comte de Pontécoulant, qui fit payer à cette dame le prix du sang, il était parti, le 7 septembre 1809, de Bayeux, avec un domestique qui n'était autre qu'un gendarme déguisé. Dans la nuit du 8, il tomba dans une embuscade, entre La Délivrande et Luc, au moment où il allait s'embarquer et fut tué, sans pouvoir se défendre, par quatre gendarmes, sous les ordres du maréchal des logis Foison, qui mutila odieusement son cadavre.

L'affaire fut étouffée par ordre et Foison fut décoré (3).

Il est temps de revenir aux îles. Une stipulation du traité d'Amiens les rendit enfin à la mère patrie.

côtés de la presqu'île, à Portbail et à l'île Tatihou, en face de Saint-Waast, et s'emparer des hauteurs dominant Cherbourg.

A son retour, d'Aché était allé à Jersey, où l'amiral Saumarez avait mis un brick de 14 canons à sa disposition. Ce brick l'avait ramené sur la côte du Calvados et il avait dû débarquer, à l'aide d'un léger canot, dans une des anfractuosités des falaises de Sainte-Honorine, où le curé de Vierville l'attendait.

(1) La tête du comte d'Aché avait été mise à prix pour la somme de 10.000 francs.

(2) Mme de Vaubadon mourut misérablement dans un taudis de Belleville, à Paris, le 23 janvier 1848. Elle fut inhumée dans la fosse commune. Elle avait touché, comme rémunération, une cinquantaine de mille francs, qui durèrent peu.

(3) « La croix est bien salie, dit-on dans le temps, depuis qu'on la donne à *Foison*. » Ce triste personnage fut envoyé en Espagne, y reçut trois blessures, devint capitaine en 1812 et mourut en 1843. Il avait été réformé par la Restauration.

Napoléon Ier, qui rêvait de faire de la côte normande le bouclier de la France, comprit la situation importante et privilégiée de ces îles et imita l'exemple que venaient de lui donner les Anglais. Il arrêta un plan de fortifications dont nous voyons encore le résultat aujourd'hui (1), et fit élever, de 1804 à 1811, dans l'île du Large, le fort à deux batteries et la tour, occupés par une garnison de cent vingt hommes jusqu'après la guerre de 1870.

De nos jours, l'importance des îles Saint-Marcouf a été très contestée. La portée des pièces d'artillerie modernes y rend, prétendaient certains spécialistes, impossible tout établissement. Or, il est maintenant reconnu que les îles, malgré la batterie de Grenneville, installée sur les hauteurs, à deux kilomètres du rivage, sont parfaitement à l'abri des canons de cette batterie. Elles sont à 12 kilomètres de la côte, ce qui les met à 14 kilomètres des canons en ligne droite. Un bombardement serait de nul effet et l'ennemi n'aurait pas à s'en préoccuper.

Aussi l'état actuel a-t-il ses adversaires, qui donnent, à l'appui de leur opinion, des arguments très sérieux. M. Gaudin de Vilaine, sénateur de la Manche (2), et, après lui, le vice-amiral Besson, ont

---

(1) Il voulait aussi faire percer, à travers les marais de Carentan, entre la Vire et l'Ay, un canal assez large pour épargner aux navires le pourtour du Cotentin septentrional, ainsi que les dangers du cap Lévy et du cap de Jobourg.

(2) Étude publiée dans le *Correspondant*, dans les premiers mois de 1909.

repris la question et ont signalé tout récemment le danger que peut présenter l'abandon de ces îles et de la rade qu'elles commandent.

Si l'on adopte les conclusions auxquelles ils arrivent, un débarquement, en l'état actuel, serait toujours possible dans la baie de La Hougue. « Sans entrer dans le détail des opérations indiquées par l'honorable sénateur, écrit l'amiral Besson, je puis affirmer, qu'aux yeux de tous, elles sont parfaitement réalisables. Notre grand port militaire de la Manche peut se trouver obligé de capituler sans combat, après s'être réveillé un matin sous la volée des canons d'un corps débarqué pendant la nuit à La Hougue... La position en l'air de Cherbourg a toujours préoccupé les officiers généraux chargés de sa défense. » Et il ajoute : « On comprend qu'une armée, débarquée dans le Cotentin et possédant les lignes de Carentan, s'y trouve en parfaite sécurité, surtout si sa flotte est maîtresse de la mer. L'occupation de ces lignes a été une des premières opérations que nous ayons exécutées en 1871, lorsque l'ennemi, arrivé au Mans, menaçait Cherbourg. C'est aussi la première opération qu'exécuterait un corps d'armée débarqué à La Hougue. »

Après avoir reconnu, comme également possible, un débarquement de l'ennemi sur la plage de Vauville, à l'opposé de la presqu'île, l'amiral indique le remède : « Contre un débarquement sur l'une ou l'autre plage, qu'il ait lieu par surprise ou de vive force, un remède s'impose : la remise en état des batteries qui les défendaient, ainsi que du fort des îles Saint-Marcouf, abandonné sans gardien et soumis aux déprédations des riverains. »

Le phare qu'on a établi au sommet de la tour et qui signale l'écueil est, en effet, sans gardien. Pour faire de soi-disant économies, la lanterne est maintenant actionnée par un mécanisme automatique, qui permet de ne renouveler la provision d'huile que tous les quinze jours.

Laissés sans entretien, les vieux murs se dégradent; l'humidité et l'air salin rongent leur surface, mais les blocs, employés dans leur construction, sont si bien scellés, que leur solidité défiera encore pendant de longues années l'œuvre du temps.

On avait eu le projet de réunir les deux îles par une digue et de créer entre elles un poste de torpilleurs, qui eût commandé la baie et les côtes, de Port-en-Bessin à Barfleur. On y a renoncé et le poste a été établi à Saint-Waast, où il est plus à portée de recevoir les approvisionnements et l'outillage dont il peut avoir besoin.

Nous ne voulons pas terminer notre travail sans adresser nos très vifs remerciements au commandant V. Fanet, qui a bien voulu explorer pour nous les Archives du Ministère de la Guerre et qui nous a procuré, avec une rare bienveillance, une partie des documents dont l'ensemble nous a permis de mener à bien cette étude.

G. V.

PIÈCES JUSTIFICATIVES

I

Établissement des Cordeliers aux îles Saint-Marcouf et leur translation à Valognes (1477).

L'établissement des religieux de l'ordre de Saint-François dans la plus grande des îles Saint-Marcouf (l'île de Terre), autorisée au commencement du XVe siècle par les religieux de l'abbaye de Cerisy (1), auxquels appartenaient ces îles, devint bientôt si précaire, qu'ils furent obligés d'abandonner une solitude par trop inhospitalière. Dans les papiers de Mangon du Houguet, vicomte de Valognes vers 1657, on trouve la copie de l'acte suivant, qui nous donne les motifs de cet abandon :

(1) Mangon du Houguet dit avoir vu, probablement chez les Cordeliers de Valognes, dont il était l'ami et le protecteur, deux sceaux du gardien des îles. « En l'un, il y a un navire avec un crucifix au lieu de mast, une Vierge tenant son enfant à l'arrière et un cordelier au devant. La légende est : *Sigillum custodis insularum inferioris Normanniæ*. L'avers est illisible. » (*Mémoires de Pierre Mangon, vicomte de Valognes*, analysés par M. L. Delisle. St-Lo, 1691.)

« Comme il soit ainsi, que par long espace de temps, grand nombre des frères mendians de l'ordre de Saint-François ayent estés logés ès isleaux de Saint-Marcouf, près La Hougue de Saint-Waast, par depriance, pour ce que le lieu est aux religieux de Cherisy, le terme desquels et du temps que presté leur auroit esté, soit presque fixé ; et, posé que plus longtemps durast, sy ne peuvent ils faire chose seure pour eulx et leurs autres frères, pour ce que la propriesté ne peuvent ilz avoir autrement qu'en prest, et sy est ainsy que l'eaue, qui est le plus de leur gouvernement avec leur pain, soit telle que, presque plus de la moitié du temps, elle est salée et aussy souventes foys a grand inconvénient et moult trouble par gens de mer ; pour quoy et d'empuys naguères ilz sont retournés par devers leur général, afin de remonstrer les choses dessus dictes ; pour lesquelles causes il ayt envoyé au lieu et, pour considération des choses susdictes, ayent estés authorisés à venir eulx loger en la terre au plus prez des isleaux et recouvrer place que l'en leur veille donner et aumôner. »

Ils conçurent d'abord le projet de s'établir sur le territoire de Saint-Waast. Un bourgeois de Quettehou, Jehan Prévostel, vicomte du duc d'Alençon en Cotentin, leur offrit un terrain situé auprès de la mer, à La Hougue-Saint-Waast (1). Ils étaient sur le point d'accepter, quand des conditions plus avantageuses leur furent proposées en vue d'un établissement à Valognes.

(1) Au moment où les Cordeliers avaient songé à s'établir à Saint-Waast, le fief de La Hougue, dépendance de la baronnie de Courcy, appartenait à Robert de Fréville, écuyer, qui le vendit, le 15 janvier 1457, à Messire Jehan de Magneville. Celui-ci ne tarda pas à le céder, comme on va le voir, à Louis, bâtard de Bourbon, amiral de France. Enfin, le 16 juillet 1498, Geoffroy Herbert, évêque de Coutances, l'acheta de Jeanne de France, veuve de l'amiral.

Un gentilhomme du Cotentin, Guillaume Letellier, baron de La Luthumière, leur donna, en 1468, une petite propriété, d'un acre environ, consistant « en un jardin, clos à murs, nommé le Gardin Fiquet, garni d'eaux et de deux petits réservoirs dedans, assez pleins d'eau, lequel on disoit estre bien propre pour eux, qu'il le leur donneroit voulontiers en pure et perpétuelle ausmône ».

Ce baron de La Luthumière était l'aïeul du vénérable abbé de La Luthumière, qui fonda plus tard le séminaire de Valognes et dont la sœur épousa Henry de Matignon, comte de Thorigny, lieutenant du roi en Normandie, sous Louis XIV.

Le jardin Fiquet était trop peu étendu pour que l'on pût y construire un couvent quelque peu spacieux. Les Cordeliers s'adressèrent alors à l'amiral Louis de Bourbon et à sa femme Jeanne de France, seigneurs du pays, qui avaient toujours protégé les religieux de leur ordre. Un an après, en 1469, ceux-ci firent droit à leur requête et ajoutèrent au jardin, donné par Messire de La Luthumière, trois acres de terre, qui le touchaient de deux côtés.

Le roi, sur le vu des actes passés, autorisa ces donations par lettres patentes du mois d'août 1469. Il y était dit, notamment, que « Les frères mineurs avaient un petit couvent en une petite isle environnée de grande mer, inhabitable de toustes gens fors lesdits religieux qui, très souvent, ont enduré et souffert, endurent et souffrent chacuns jours de grandes nécessitez, pauvretez et misères, parce qu'en icelle isle ne peuvent recouvrer eaux doulces ; aussy, quand il fait orage ou temps contraire, ils ne peuvent venir en terre pour quérir leurs nécessitez, ny ceux de terre aller à eux ; pourquoy, mesmement en temps d'hyver, ils ne peuvent et sçavent avoir aucun recouvrement ny refuge en leurs nécessitez, mais sont contraints illec demourer, sans pouvoir estre secourus et très souvent advient que, quand ils ont aulcune petite provision pour leur vie et sustentations, que les pyrates et escumeurs de mer qui souvent s'y viennent reposer pour attendre illec et guetter les marchands, descendent audit isle et prennent, ravissent et emportent ce qu'ils ont pour leurs provisions, le mangent, consomment et dégatent, dont après lesdits religieux sont en grande nécessitez, etc... »

Jean Lerat, évêque suffragant de Janopolis, consacra le nouveau couvent en 1477. Il avait été reconnu et approuvé par une bulle du pape Paul II.

II

Archives du Calvados

Correspondance des Intendants. C. 1736

Iles Saint-Marcouf. — Passage de ces îles sous l'autorité du roi.

Paris, 16 juin 1734. — Lettre du contrôleur général des finances Orry, qui mande à M. de Vastan, à Caen, qu'en 1721 on prit les îles Saint-Marcouf comme emplacement favorable pour faire faire la quarantaine aux vaisseaux venant de la Méditerranée et du Levant.

M. de Blangy, marquis de Fontenay, seigneur des îles, reçut pour l'indemniser une somme annuelle de 1.000 livres. Aujourd'hui les mêmes motifs n'existent plus; on n'use pas de ces îles et il semble que l'indemnité allouée jusqu'à présent n'ait plus aucun fondement.

Caen, 23 septembre 1734. — Réponse de l'intendant.— Il avait fallu faire construire sur les îles Saint-Marcouf, pour loger les équipages de deux vaisseaux, des bâtiments sur les terrains en herbage et en expulser les bestiaux des fermiers, dont les baux s'élevaient à la somme de 16 à 1.700 livres. C'est alors que l'indemnité de 1.000 livres avait été accordée au marquis de Fontenay. Mais, depuis cette époque, on affirme que M. de Fontenay s'est remis en possession de ces terrains.

18 décembre 1734. — Lettre de M. de Fontenay, fils du précédent, protestant contre les allégations de l'intendance et fournissant les explications demandées.

Son père ne s'est nullement remis en possession des îles. En 1720, lorsque les vaisseaux suspects furent mis en quarantaine, ce fut M. de Fontenay qui prit les mesures nécessaires, à ses dépens, et la rente de 1.000 livres est moins l'indemnité de ses fermages perdus et qui s'élevaient à 500 livres, qu'une reconnaissance des services rendus.

20 janvier 1735. — Nouvelle lettre de M. de Fontenay, expliquant à nouveau l'affaire, toujours en suspens, réclamant la pension et fournissant un *Mémoire* à l'appui.

Mémoire. — Au mois de septembre 1720, trois vaisseaux, venant de Marseille, arrivèrent en rade du Havre de Grâce; l'entrée du port leur fut refusée en vertu d'un arrêt du Parlement, qui défendait d'accepter tout navire venant de ce port, à cause de la peste. M. de Fontenay, capitaine de la côte, établit une garde de vingt hommes, depuis Quinéville jusqu'aux Veys, pour empêcher toute communication entre cette partie de la côte et les navires suspects.

On établit provisoirement les équipages sur l'île de Terre, pendant qu'on bâtissait un hôpital et un lazaret sur l'île Tatihou.

Le *Mémoire* ajoute que M. de Fontenay a servi pendant quarante ans dans la gendarmerie, qu'il est estropié et qu'il s'est retiré chez lui avec 1.200 livres de pension.

Paris, 17 juin 1735. — Lettre du ministre qui décide que la pension, accordée en échange des îles, sera continuée et que les îles Saint-Marcouf seront affermées au profit du roi.

16 août 1735. — Mise en adjudication des îles Saint-Marcouf, à Carentan. — Un seul fermier s'est présenté : Charles de La Loy, marchand au village de Saint-Marcouf, qui a été déclaré adjudicataire pour la somme de 40 livres par an.

20 octobre 1735. — Lettre de M. Orry, contrôleur général des finances, qui approuve et sanctionne cette adjudication.

III

Les frères Smith.

Les frères Smith, dont il est question dans cette étude et avec lesquels Frotté entretint les relations les plus cordiales, lui rendirent, ainsi qu'à son frère Charles, les services les plus importants et les plus désintéressés.

Ils étaient trois. L'aîné, sir Sidney Smith, amiral au service de S. M. B., né à Westminster en 1761, mourut à Paris en 1840 [1].

[1] Voir ce que nous en disons page 11.

La famille Smith était originaire du comté de Wiltz et vint plus tard s'établir dans le comté de Kent, à Douvres. Les Smith avaient, auprès de cette ville, un château fortifié, Westenhanger, aujourd'hui en ruines.

Plusieurs membres de cette famille avaient servi avec honneur dans la marine et dans l'armée.

Le second, James-Thomas, né à Londres en 1766, y mourut en 1833. Il s'était fait remarquer par un savoir et une érudition exceptionnels. Graveur émérite et archéologue distingué, il avait été nommé conservateur des estampes au Musée Britannique.

Le troisième, John-Spencer, successivement militaire, diplomate et membre de la Chambre des Communes, était né à Londres le 11 septembre 1769. D'un esprit très vif et passionné, comme son frère, pour tout ce qui excitait son intérêt, l'époque où il vécut lui permit de donner un libre essor à ses goûts. Après une existence agitée et traversée par un événement qui brisa son avenir, il profita de la liberté qui lui était rendue pour venir se fixer en France et y terminer ses jours.

Sa vie est peu connue : Spencer Smith était entré très jeune dans le corps des pages de la reine Charlotte. Avec son frère Sidney, il était venu passer quelque temps à Caen, à l'École d'équitation de cette ville, qui avait acquis, sous la direction de La Guérinière, une réputation universelle. Ils s'y étaient créé d'excellentes relations, qu'ils retrouvèrent plus tard.

Nommé lieutenant en second au 3ᵉ régiment des gardes, par l'appui de la reine, il dut, à cause de dettes et de prodigalités regrettables, passer dans la ligne et finalement donner sa démission. Il entra peu après dans la diplomatie, à la suite d'un voyage dans le Levant.

Après l'évasion de son frère Sidney de la prison du Temple, évasion due en grande partie aux bons offices de Frotté, il voua à celui-ci et à son jeune frère Charles une reconnaissance dont il leur donna bientôt des preuves.

Charles de Frotté était né en 1778. Il était d'abord resté auprès de Mᵐᵉ de Frotté, mais, « élevé au milieu du trouble et des armes », il avait voulu, en 1795, à peine âgé de 17 ans, rejoindre son frère aîné et faire le coup de feu avec lui. Jugé trop faible encore, il fut renvoyé à sa mère et resta quelque temps à l'étranger.

Revenu aux côtés de son frère Louis en 1797, Sidney Smith et son frère Spencer firent alors à celui-ci les offres les plus avantageuses pour le jeune Charles. Spencer Smith, nommé chancelier et ministre plénipotentiaire à l'ambassade de Constantinople (1), proposait de le prendre avec lui et de s'en charger jusqu'à la fin de la guerre. Il insista même pendant longtemps, mais Charles de Frotté préféra un service plus actif et suivit sir Sidney en Orient, où il prit part, comme officier d'artillerie, sous le commandement de Phélippeaux, à la défense de Saint-Jean-d'Acre. Il fut plus tard, à sa rentrée en France, emprisonné au fort de Joux, et réussit à s'évader en 1805. Il mourut en Portugal en 1813.

Spencer Smith ne l'avait pas perdu de vue et correspondait avec lui. A l'époque de son évasion, il tenta de nouveau de le faire venir à Londres, où lui-même avait dû se retirer, victime d'une mésaventure fort pénible et assez bizarre.

Après avoir signé, comme ministre plénipotentiaire, un traité d'alliance avec la Porte en 1799, il avait été nommé à Stuttgard en février 1804. Il était lié avec son compatriote Drake, ministre à Munich. Tous deux entretenaient des correspondances secrètes avec les chouans et les émigrés. Ils devinrent ainsi des agents actifs de la contre-révolution, et lorsque Georges Cadoudal organisa son complot, ils l'aidèrent par tous les moyens en leur

---

(1) Spencer Smith avait épousé, à Constantinople, la fille de l'internonce impérial près la Porte Ottomane, le baron Herbert-Rathkeale. C'était une femme charmante, qui comptait le prince de Ligne et lord Byron au nombre de ses admirateurs. Elle mourut à Vienne le 21 octobre 1829.

pouvoir (1). Sur ces entrefaites survinrent l'arrestation et le procès des conjurés.

Malheureusement pour les deux diplomates, l'espion Méhée de La Touche, qui servait, avec une égale audace et un égal bonheur, les royalistes et le gouvernement consulaire, réussit à s'introduire dans leur intimité. Profitant d'un moment où Drake l'avait laissé seul dans son cabinet, il s'empara de la correspondance du ministre et d'une partie de celle de Spencer Smith avec les conjurés. Il la porta sur l'heure à Paris, où elle fut aussitôt publiée.

Devant cette divulgation, la situation de Drake et de Spencer Smith devint difficile et le gouvernement anglais dut les rappeler. On lisait, à la date du 20 germinal an XII, dans le n° 19 de la *Décade philosophique, littéraire et politique* (2), l'entrefilet suivant : « M. Spencer Smith, ministre anglais à Stuttgard, a aussi (comme Drake à Munich) quitté subitement les États de l'Électeur de Wurtemberg. La perfidie de ces deux hommes et l'humiliation qui en a été le châtiment peuvent fournir aux membres de l'opposition, s'ils le veulent, de nouveaux sujets d'accusation

---

(1) Voici ce que dit M. Thiers, à propos de cette conspiration : « Les communications des émigrés avec le cabinet anglais avaient lieu par le sous-secrétaire d'État, M. Hammon. C'est à lui qu'ils s'adressaient pour toutes choses en Angleterre. Au dehors, ils s'adressaient à trois agents de la diplomatie britannique : M. Taylor, ministre en Hesse; Spencer Smith, ministre à Stuttgard, et M. Drake, ministre en Bavière. Ces trois agents, placés près de nos frontières, cherchaient à nouer toute espèce d'intrigues en France et à seconder celles qu'on tramait à Londres. Ils correspondaient avec M. Hammon et avaient à leur disposition des sommes considérables. » (*Consulat et Empire*, t. IV, p. 518 et suiv.)

(2) Ce *Journal* nous a été obligeamment communiqué par notre confrère É. Travers.

contre les ministres, qui ont mis la corruption et l'assassinat au nombre de leurs moyens de défense. »

Et plus tard, en floréal an XII, la *Décade* insérait cette note, qui donnait la clef de bien des choses : « Il paraît un ouvrage très piquant du citoyen Méhée (c'est une brochure de 230 pages). L'auteur, qui a feint d'entrer dans la dernière conspiration afin de découvrir les projets des conspirateurs, y trace très plaisamment les portraits de plusieurs ministres et agents anglais et des principaux émigrés. Nous aurons sans doute occasion de faire connaître plus amplement cet ouvrage à nos lecteurs. »

A la suite de ce scandale, Spencer Smith tomba en disgrâce et dut renoncer à la diplomatie.

Un peu plus tard, il fut élu à la Chambre des Communes pour la ville de Douvres; mais, après la Restauration, attiré en France par ses goûts d'érudit et de nombreuses relations, il vint se fixer à Caen en 1817. Cette ville, qu'il avait habitée pendant sa jeunesse, possédait alors une importante colonie anglaise. Il y vécut longtemps dans un hôtel, rue des Chanoines, où il mourut le 5 juin 1845. Il collaborait activement aux travaux des Sociétés savantes et publia plusieurs ouvrages et brochures (1).

(1) Spencer Smith avait un *ex libris* que nous reproduisons ci-dessous :

J.-SPENCER SMITH,

Membre de l'Université d'Oxford, de la Société Royale de Londres, de la Société pour l'encouragement des arts, manufactures et commerce de Londres, de la Société des Antiquaires de Londres, de la Société Royale des Antiquaires de France, de la Société asiatique de Paris, de la Société de Géographie de Paris, de l'Académie Royale des Sciences, Arts et Belles-Lettres de Caen, de la Société des Antiquaires de Normandie, de la Société Linnéenne de Normandie.

Son frère Sidney, qui partageait ses préférences pour notre pays, était aussi venu s'établir en France dès 1815 et résidait le plus souvent à Paris, où il était mort cinq ans avant lui.

IV

Combat de Sallenelles

« *Gazette du Calvados* », *21 germinal an VI.*

« Caen, le 21 germinal.

« Il est parti du Havre une flottille de quarante à cinquante voiles, tant en bateaux de transport que canonnières et petits bâtiments armés en guerre. On dit que cette flottille, commandée par le citoyen Muskeyn, porte quatre à cinq mille hommes de troupes. Elle a été attaquée, à la hauteur de Colleville, par deux frégates anglaises, avant-hier, vers six heures du soir.

« Le combat a duré jusques à neuf heures et s'est engagé de nouveau, pendant à peu près une heure et demie, vers le milieu de la nuit, sous les redoutes de Ouistreham et de Colleville.

« On prétend qu'une des frégates anglaises a été fort endommagée. Hier, vers huit heures du matin, la flottille s'est remise en mer, et une troisième frégate anglaise s'étant jointe aux deux autres, le convoi s'est retiré de nouveau sous les redoutes et dans la rivière d'Orne, où il est encore.

« Les bâtiments armés en guerre protégèrent la retraite et soutinrent vigoureusement le combat, depuis quatre heures de l'après-midi jusqu'à la nuit.

« Nous ne connaissons encore, d'une manière certaine, ni les détails, ni les résultats de cet événement. Il paraît constant qu'une des frégates, qui avait jeté l'ancre, se voyant menacée d'abordage, s'est empressée de couper son câble et a laissé son ancre, dont les nôtres se sont emparés.

« La redoute de Merville a coulé bas, pendant la nuit, un bateau français qu'elle a pris pour un anglais, mais l'équipage a été sauvé (1).

« Il est sorti de Cherbourg, en même temps, une flottille destinée, dit-on, à attaquer les îles Saint-Marcouf.

« On ne tardera pas, sans doute, à avoir des nouvelles sûres sur les résultats de cette opération. Aussitôt qu'elles nous seront parvenues, nous nous empresserons d'en faire part à nos lecteurs. »

V

« *Gazette du Calvados* », 25 *germinal an VI*.

« Voici ce qu'écrit de Sallenelles le citoyen Muskeyn, capitaine de vaisseau, commandant la flottille de la République, au citoyen Labretèche, chef de l'état-major et des mouvements maritimes au Havre :

« La vive canonnade que vous avez entendue hier s'est effectivement terminée à notre avantage. Le champ de bataille nous est resté, et si nous n'avons pas eu le bonheur de vous envoyer une frégate anglaise au Havre, c'est que la marée n'a pas permis aux bateaux canonniers de joindre cette frégate, qui est restée échouée, sur le banc de la *Pâture*, pendant quatre heures.

« La deuxième canonnade, entre minuit et une heure, et que vous avez entendue, est le feu de la flottille que j'avais fait cesser et que j'ai fait reprendre aussitôt que

(1) Ces deux renseignements étaient controuvés, et pourtant la distance est courte de Ouistreham à Caen,

j'ai su que les bateaux canonniers ne pouvaient pas gagner la frégate.

« Les soldats ne savent pas encore *nager* (ramer) et les équipages n'étaient pas assez forts pour soutenir ce coup de main. Vous savez en outre que, pendant la nuit, on ne fait pas ce que l'on veut.

« Vous apprendrez avec plaisir que je n'ai pas eu un seul homme blessé et que les frégates ont été très maltraitées. Au moment où je vous écris, il se trouve, sur cette rade, deux grandes frégates et un vaisseau de 74 canons.

« Muskeyn. »

VI

Archives de la Guerre

Affaire des iles Saint-Marcouf

Rapport du général commandant la 14ᵉ division militaire historique.

« Les Anglais, en possession de qui sont les îles Saint-Marcouf, sises à deux lieues nord des forts de La Hougue et de l'île de Tatihou, tiennent en échec toute cette partie des côtes du Calvados et de la Manche. Il était important de s'en emparer, soit pour la facilité des communications avec Cherbourg et Courseulles, ou soit pour la sûreté du cabotage qui se fait dans ces parages.

« On était, à cet effet, parvenu à former une flottille, composée de 15 chaloupes canonnières, deux bombardes, deux avisos et quelques bateaux plats, pour les troupes d'embarquement.

« Elle était à l'ancre sous le fort de La Hougue, d'où elle

appareilla le 17 floréal, à 8 heures du soir, et fut mouiller au sud-ouest de l'île de Terre, où elle devait se rallier et se former, pour donner l'assaut aux îles avant l'aube du jour. Elle navigua en bon ordre au sud-est du cap, autant pour éviter de s'approcher trop près des îles que pour cacher sa marche.

« Le grand calme et le bruit des avirons signalèrent la flottille aux ennemis. La générale fut aussitôt battue dans les îles; deux coups de pierriers appelèrent un vaisseau, une frégate et une corvette ennemies, qui étaient restés mouillés la veille, à deux lieues dans l'est.

« La flottille continua sa marche et, à deux heures, le mouillage fut ordonné. Les îles se trouvaient à une demi-lieue dans l'est. A 3 heures et demie, les canonnières reçurent l'ordre d'approcher des îles à portée de canon; mais, ayant été prévenues par le feu de l'ennemi, dont les bombes dépassaient la flottille, qui était distante d'un quart de lieue de l'île de Terre, le commandant donna alors l'ordre de mouiller et fit signal aux trois divisions de bateaux plats d'attaquer ensemble. Elles marchèrent en ligne et touchaient presque au débarquement, mais, n'étant pas soutenues par les canonnières qui étaient restées au mouillage, L'Éclatante exceptée, qui, seule, les avait ralliées, elles se sont éloignées à force de rames, après avoir longé l'île de Terre sous les boulets et la mitraille de l'ennemi. Un des bateaux plats a été percé à fleur d'eau et a été coulé à fond. L'équipage a eu cependant le temps de l'évacuer.

« L'ordre de virer a été donné à toute la flottille et elle est rentrée, à 8 heures du matin, le 18 floréal, au port du fort de La Hougue. Dix hommes ont été tués et quatorze blessés.

« L'armement des îles est considérable. Il porte trois étages de feux dans presque tout son contour; le premier est d'obusiers sur la grève; le deuxième est de redoutes; le troisième de tours carrées, bâties en bois, qui dominent les redoutes.

« Le 30 floréal, un vaisseau, cinq frégates, une corvette, deux bombardes et deux bricks ont approché des forts de La Hougue et de l'île Tatihou, sur lesquels cette division a fait un feu long et violent; mais quelques bordées, que leur a lâchées le fort, les a fait virer de bord. Elle a été mouiller au large, à deux lieues au nord de ces parages.

« Certifié véritable, le présent bulletin historique, rédigé sur les rapports partiels (1).

« Au quartier général, à Caen, le 10 prairial, 6ᵉ année républicaine.

« Le général de division, commandant la 14ᵉ,

« Dufour. »

VII

Archives de la Guerre

Armée d'Angleterre.

(Note faisant partie des papiers du général Vandamme) (2).
          18 floréal an VI.
          (7 mai 1798).

Noms des officiers de marine qui se sont distingués dans l'affaire du 18 floréal an VI. (Attaque des îles Marcouf.)

---

(1) Malgré la mention *certifié véritable*, il est facile de se rendre compte des erreurs volontaires ou involontaires que contient cet *Historique*.

(2) Le général Vandamme commandait à Cherbourg en germinal et floréal an VI.

Les citoyens :

Vallée, lieutenant de vaisseau, commandant *L'Éclatante*, canonnière: *a fait le mieux*.
Fabien, enseigne, commandant *Le Moustique*.
Héron,   id.   id.   *Le Cerbère*.
Dufresne, id.   id.   un bateau plat.
Valleton, id.   id.   *Le Maringouin* (mais, ayant été désarmé faute de monde, a *passé* (sic) avec Fabien).
Gibert, enseigne, commandant les trois chaloupes de bâtiment.

Tous du port de Cherbourg, qui se sont distingués dans l'attaque par leur bravoure et leurs talents.

P. C. C. à la note communiquée par le commandant du Casse en mars 1804.

Le commis chargé du travail

D. Huguenin.

VIII

Le général Point.

Point (François-Hilarion), né à Montélimar (Drôme) le 14 avril 1759, était entré au service dans le régiment de cavalerie de Royal-Champagne le 1ᵉʳ avril 1779. Maréchal des logis le 11 septembre 1784, adjudant le 1ᵉʳ janvier 1789, il fut congédié le 21 août 1790. Élu, le 6 novembre 1791, capitaine au 1ᵉʳ bataillon des volontaires de l'Isère, il fit la campagne de Savoie en 1792. Chef en second du 2ᵉ bataillon du Mont Blanc le 15 mai 1793, adjudant général, chef de brigade provisoire le 16 septembre suivant, Point fut promu général de brigade le 16 vendémiaire an II

(7 octobre 1793). Il assista au siège de Toulon en décembre 1793, passa ensuite à l'armée des Pyrénées-Orientales, puis, en janvier 1795, à celles des Alpes et d'Italie. Attaché à la division Augereau, où il avait sous ses ordres les 45ᵉ et 51ᵉ demi-brigades, il fut détaché le 21 nivôse an V (10 janvier 1797) auprès du général Balland. Le 14 janvier, il commanda l'aile droite au combat d'Anguiary, dans lequel l'arrière-garde du général Provera fut culbutée et détruite. Le 5 février il était à Trévise avec sa brigade. Le 8 août 1798 il était mis à la tête de l'expédition des îles Saint-Marcouf. Rappelé, comme on l'a vu, aussitôt après l'échec, il servit dans l'armée de Naples, sous les ordres de Championnet, et faisait partie de la division Lemoine quand il fut tué à l'attaque du village de Popoli, sur le pont y donnant accès, au moment où il entraînait ses grenadiers, le 4 nivôse an VII (24 décembre 1798).

IX

Les iles Saint-Marcouf

Description. — État actuel.

Dans l'encadrement formé par les donjons pittoresques de La Hougue et de l'île de Tatihou se distingue nettement le groupe des îles Saint-Marcouf (1). Coupant la ligne de l'horizon dont elles interrompent la monotonie, elles se profilent, tantôt en lumière, tantôt en ombre, sur l'immensité des flots. Blanches et riantes, dès que le soleil vient à les éclairer, on les voit, au contraire, devenir

---

(1) Nous avons fait, dans cette notice, de larges emprunts au livre de M. J. Rondelet: *Guide illustré de Saint-Waast-la-Hougue.*

maussades et presque menaçantes, lorsque le ciel s'assombrit au-dessus d'elles, et disparaître entièrement aux regards sous la pluie, comme fondues dans la buée grise des lointains brusquement rapprochés.

A l'aube, ce sont elles qui, les premières, surgissent à l'horizon, se détachant avec la netteté d'un décor de théâtre dans les rayons du soleil levant. Ce sont elles aussi qui, les premières, s'effacent sous l'envahissante obscurité du crépuscule.

Enfin, pendant la nuit, semblable à une étoile tombée du firmament, le feu à éclats des îles projette jusqu'à Saint-Waast sa lueur intermittente, comme une flamme que le vent fait vaciller.

Assez rapprochées de la côte pour se laisser entrevoir, assez éloignées d'elle pour conserver encore leur mystère, ces îles semblent une perpétuelle énigme. Aux questions que leur vue soulève, la jumelle la plus puissante ne peut complètement répondre. Aussi exercent-elles sur les touristes cette attraction particulière que donne le sentiment de l'inconnu.

Pour s'y rendre, il est nécessaire de fréter une des barques, aux voiles tannées, qui peuplent le port de Saint-Waast. Il faut y consacrer une journée; mais si la brise est bonne, la mer douce et le voilier bon marcheur, on ne regrettera pas l'excursion et le déjeuner improvisé à l'ombre du fort ou sur les gazons de l'île de Terre.

Après une heure et demie ou deux heures de navigation, la côte s'abaisse et les deux îles se distinguent nettement, affectant, l'une la forme arrondie et massive d'un cuirassé, l'autre la silhouette basse et allongée d'un torpilleur. Comme des navires mouillés sur un fond de vase et qui chassent sur leurs ancres, elles semblent fuir devant vous, entraînées par le même élan qui vous emporte, mais, bientôt, le voilier gagne de vitesse sur cette mobilité apparente et s'engage dans le bras de mer qui sépare les deux îles, la petite rade d'Auvy. Le voilà arrivé au terme de sa course.

Les passagers descendent dans le canot et arrivent bientôt en vue d'une jetée de pierre qui semble s'avancer en mer pour vous accueillir. On se trouve alors au milieu d'une enceinte de hautes murailles, couronnées d'une herbe sèche et jaune, dont la base est toujours battue par les flots. Dans un angle, un môle de granit, taillé en escalier, donne accès à une poterne cintrée, flanquée de meurtrières et ouverte sur un pont-levis. C'est par cette entrée, digne de figurer dans le décor d'un drame, que l'on pénètre dans l'île du Large.

L'impression change vite. Du milieu d'un rayonnement de verts talus se détache, semblable à une gigantesque fleur, la large corolle de la tour, du haut de laquelle émerge la lanterne du phare.

Une longue et sombre voûte conduit ensuite au centre d'un vaste cirque gazonné. Deux galeries superposées courent tout autour du fort; l'une en balcon, donnant accès à de petites cellules disposées à la façon de loges de théâtre; l'autre en terrasse et semblable à un vaste promenoir. Deux tourelles interrompent la monotonie du cercle : l'une, pointue et ajourée, laisse voir, à travers ses glaces, le mécanisme du feu tournant; l'autre, plate et massive, abrite dans ses flancs un large escalier, enroulé en spirale.

La visite commence alors. Au milieu d'une obscurité complète, on descend d'abord dans des cachots creusés à même le rocher. Un jour blafard et froid, qui tombe par de petits soupiraux percés obliquement au haut de la muraille, permet d'apercevoir une succession de salles basses et voûtées, réunies entre elles par de vastes baies et reproduisant, par leur disposition en éventail, la forme arrondie de la tour. Les murs, blanchis à la chaux, laissent voir, de place en place, de larges moisissures verdâtres ; sur le sol s'étalent des flaques d'eau que les plus fortes chaleurs ne peuvent assécher. C'est là qu'une trentaine d'insurgés, pris les armes à la main sur les barricades, furent internés en 1871, après la Commune. Ils n'y restèrent, du reste, que quelques jours et furent dirigés sur Cherbourg.

Du sous-sol du vieux fort on gagne immédiatement le sommet de la tour. Le contraste est des plus saisissants. En bas, l'ombre, le silence et l'immobilité; en haut, le ciel ensoleillé et le mouvement des vagues qui fuient à l'horizon. Et l'on s'oublie à contempler ce spectacle pendant que la brise de mer soulève à vos pieds de légers flocons d'écume.

Tout auprès de l'île du Large s'étend l'île de Terre. C'est là qu'au moment du désarmement de Saint-Marcouf, vers 1872, on avait apporté les canons du fort pour les faire éclater et les rendre ainsi plus faciles à transporter à Cherbourg, où ils devaient être fondus. Depuis cette époque la petite île porte, visibles sur ses pentes verdoyantes, les blanches cicatrices des éclats de bronze.

L'île, qui conserve encore les traces des fortifications et des établissements élevés par les Anglais en 1795, se double presque, comme étendue, au moment de la basse-mer. Les plateaux rocheux, qui apparaissent alors, ne constituent que des récifs à fleur d'eau. On a souvent voulu, même dans des ouvrages scientifiques, y voir un troisième îlot, connu sous le nom de *Rocher-Bastin* ou *Bastis*. C'est une illusion complète qui ne résiste pas à un examen fait sur les lieux.

Les abords immédiats des îles sont assez dangereux, précisément à cause de ces écueils se prolongeant sous les flots. Cependant, à deux cents mètres du bord, le fond est déjà considérable et permet aux navires d'un tonnage élevé d'y jeter l ancre.

Les navigateurs ne manquent jamais de relever le point de repère des îles Saint-Marcouf, pour éviter les rochers du Calvados ou la pointe de Barfleur. De la plate-forme du vieux fort, comme d'une gigantesque tribune, on assiste à un défilé presque ininterrompu de vapeurs et de voiliers, sillonnant la mer dans tous les sens.

Le rôle militaire des îles est contesté. D'aucuns ont proposé d'aménager le vieux fort en un hôtel original, perdu au milieu des flots, où les fanatiques de la mer pourraient venir faire des cures, sérieuses celles-là, d'air salin. Pour pittoresque qu'elle soit, il est probable que cette solution restera longtemps à l'état de projet et que les îles ne verront désormais, comme visiteurs, que les rares touristes dont une assez longue excursion en mer ne dérange pas les habitudes et ne trouble pas les digestions.

TABLE DES CHAPITRES

I

Pages

Les îles Saint-Marcouf. — Leur situation. — Leur histoire. — L'abbaye de Nanteuil. — Saint Marcouf fonde un ermitage sur l'île de Terre. — Établissement des Cordeliers sur cette île au XVe siècle. — Pirates et coureurs de mer. — Les Blangy, marquis de Fontenay. — En 1720, le roi achète les îles pour y établir un lazaret. — Elles sont affermées jusqu'à la Révolution.   3

II

Les Anglais s'emparent des îles, en juillet 1795. — Leurs établissements. — Retranchements et batteries. — Station navale. — Commerce français supprimé. — Relations des Anglais avec les émigrés. — Rapports avec Frotté. — Sir Sidney Smith. — Débarquement de chouans. — Affaire de la baie des Veys. — Une alerte aux Gougins. — Mésaventure d'un officier royaliste. — Plaintes des autorités de la Manche et du Calvados. — Craintes des populations   8

III

Projets de Kléber, Bonaparte et Desaix sur les îles. — Le contre-amiral Lacrosse. — Le capitaine du génie Galbois. — Les généraux Dumesny et Levasseur. — Le capitaine de vaisseau de La Bretonnière. — Insistance des généraux Kilmaine et Vandamme. — Avis motivé du contre-amiral Lacrosse. — L'expédition est ordonnée. — Elle se forme au Havre et à Cherbourg. — Les bateaux à la Muskeyn. — Ce qu'ils étaient. . 21

IV

Fortification des îles. — Troupes embarquées au Havre et à Cherbourg. — Le général Point. — Souvenirs du baron Hulot. — Le départ de l'expédition. — Mouillage sous Dives. — La croisière anglaise en vue. — Formation de la flottille en lignes de défense. — Branle-bas de combat. 29

V

Combat naval de Sallenelles. — Rapport du capitaine de vaisseau Muskeyn. — Journal de bord. — Échouage d'une frégate anglaise sur le banc de la *Pâture*, devant Ouistreham. — Le lougre *Le Vengeur*. — Essai d'abordage sur la frégate échouée. — La marée et les courants y font renoncer. — Incidents divers. — La frégate le *Diamond*. — Sir Sidney Smith et son évasion 33

VI

La flottille dans la rivière d'Orne. — Bruits fâcheux à Caen. — Le capitaine Muskeyn. — Protestation des capitaines Rousseau et Guérin. — Rapport du contre-amiral Lacrosse. — Ravitaillement de la flottille. — Envoi d'une partie des troupes par terre à La Hougue. 41

VII

Départ de la flottille de la baie de Sallenelles. — Lettre du contre-amiral Lacrosse. — Espions anglais dans les campagnes. — Signaux de nuit. — Arrivée de la flottille à La Hougue. — Espionnage des Anglais. — Conseil de guerre. — Préparatifs. — Attaque des îles, le 7 mai 1798. — Rapport du capitaine Galbois. — Fausses manœuvres pendant la nuit. — Désordre et

confusion. — Retraite et rentrée à Saint-Waast.— Pertes
éprouvées 48

VIII

Réflexions sur cette attaque. — Défaut d'entente et mollesse des capitaines mariniers. — La canonnière *L'Éclatante*. — Le lieutenant de vaisseau Vallée. — Son rapport. — Liste des officiers ayant fait leur devoir. — Accusations diverses. — Conseil de guerre. — Acquittements et dégradations. — Mécontentement des militaires. — Complainte improvisée par les soldats. — Le lendemain de l'attaque, un corsaire ramène trois prises anglaises dans le port de Saint-Waast. — Heureux atterrissage d'un corsaire de Barfleur. — Une seconde attaque préparée est formellement défendue, malgré l'avis des chefs de l'expédition 56

IX

Les Anglais préparent une attaque contre les forts de La Hougue et de Tatihou. — L'escadre anglaise en vue. — Bombardement des forts, le 30 floréal an VI. — Lettre d'un témoin oculaire. — Riposte des forts. — Retraite des Anglais. — Le blocus. — L'affaire de la canonnière *La Chiffonne*. — Le brick *Le Printemps*. — Départ de la flottille. — Le général Point. — Dislocation des troupes 64

X

Les Anglais aux îles. — L'armée des côtes d'Angleterre. — Le général Moulins. — Projets abandonnés. — Le comte d'Aché à Saint-Marcouf. — Ses relations entre les îles et la côte. — Traité d'Amiens. — Les îles sont rendues à la France. — Projets de Napoléon Ier. — Le fort de l'île du Large. — Armement jusqu'en 1870. — Désaffectation des forts et batteries. — L'artillerie est transférée à Cherbourg. — Importance de ces îles au point de vue stratégique. — Discussions à ce sujet.

Craintes de débarquements dans la baie de La Hougue. — Conclusion. 73

XI

Pièces Justificatives

I. — Translation des Cordeliers de l'île de Terre à Valognes, au XV⁰ siècle 82
II. — Archives du Calvados. — Passage des îles sous l'autorité du roi, au XVIII⁰ siècle 85
III. — Les trois frères Sidney, James et Spencer Smith. 87
IV. — *Gazette du Calvados*, 21 germinal an VI. — Lettre écrite du Havre sur l'expédition 92
V. — *Gazette du Calvados*, 25 germinal an VI. — Lettre sur le combat naval de Sallenelles. 93
VI. — Archives de la Guerre. — Rapport du général commandant la 14⁰ division militaire 94
VII. — Archives de la Guerre. — Liste des officiers qui se sont distingués à l'attaque des îles Saint-Marcouf. 96
VIII. — Le général Point 97
IX. — Les îles Saint-Marcouf. — Description. — État actuel 98

Caen. — Impr. H. Delesques, rue Demolombe, 34.

DU MÊME AUTEUR :

En Normandie. Croquis maritimes. — Paris, Rouveyre, 1887, 1 vol. in-12 (épuisé).

L'Église de Secqueville-en-Bessin. — Le Prieuré de Saint-Gabriel. — L'Église d'Ussy. — La Croix de Grisy. — L'Église de Jort. — L'Église de Beaumais. — Monographies parues dans la *Normandie Monumentale*, Le Havre, Le Masle, éditeur.

Journal de Simon Le Marchand, bourgeois de Caen. 1610-1693. — Caen, Louis Jouan, 1903, 1 vol. in-8º . . . . . 10 fr.

Recueil de Journaux caennais. 1661-1777. — Rouen, Lestringant, 1904, 1 vol. in-8º . . . . 12 fr.

Mémorial de Philippe Lamare, secrétaire de Dom Gouget, bénédictin de l'abbaye de Fontenay. — Caen, Louis Jouan, 1905, 1 vol. in-8º . . . . 7 fr. 50

Remarques de Nicolas Le Hot, avocat au Bailliage et Siège présidial de Caen. 1680. — Caen, Louis Jouan, 1905, in-8º . . . . 2 fr.

Trois Mémoires du lieutenant général du Portal sur la Ville et le Chateau de Caen. 1759-1771. — Caen, 1905, in-8º. 2 fr.

Étude sur la prise de Cherbourg par les Anglais, en 1758. — Caen, Louis Jouan, 1906, in-8º . . . . 2 fr.

Remarques de Jacques Le Marchant, conseiller garde scel au Bailliage et Siège présidial de Caen. 1680-1738. — Caen, Louis Jouan, 1907, 1 vol. in-8º sur hollande (quelques exemplaires seulement) . . . . 15 fr.

Une évasion des pontons anglais en 1807. Le capitaine Lecroisey. — 1 br. in-8º 1908. . . . . 1 fr. 50

Manuscrit d'Étienne du Val de Mondrainville, magistrat et armateur caennais ; avec une Étude sur le manuscrit et des documents nouveaux. — Caen, Louis Jouan, 1908, 1 vol. in-8º . . . . 3 fr. 50

Huit années d'Émigration. — Souvenirs de l'abbé G.-J. Martinant de Préneuf, curé de St-Lambert de Vaugirard, de Sceaux et de St-Leu. 1792-1801. — Paris, Librairie académique Perrin et Cⁱᵉ, 1908, 1 vol. in-8º . . . . . . 5 fr.